校企合作城市轨道交通专业精品教材

城市轨道交通车辆构造与运用

主审　白继平　杨　柳

主编　赵帅帅　董梦雪　杨文远

内容提要

本书共分为 8 个项目，包括城轨车辆概述、城轨车辆车体、城轨车辆车门、城轨车辆转向架、城轨车辆连接装置、城轨车辆制动系统、城轨车辆空调系统、城轨车辆电力牵引系统及辅助供电系统。

本书可作为高等职业院校城市轨道交通专业或相关专业的教材。

图书在版编目（CIP）数据

城市轨道交通车辆构造与运用 / 赵帅帅，董梦雪，杨文远主编. -- 上海 : 上海交通大学出版社，2023.3（2024.5 重印）

ISBN 978-7-313-27010-8

Ⅰ. ①城… Ⅱ. ①赵… ②董… ③杨… Ⅲ. ①城市铁路－铁路车辆－车体结构 Ⅳ. ①U270.3

中国版本图书馆 CIP 数据核字(2022)第 109147 号

城市轨道交通车辆构造与运用

CHENGSHI GUIDAO JIAOTONG CHELIANG GOUZAO YU YUNYONG

主　　编：赵帅帅　董梦雪　杨文远

出版发行：上海交通大学出版社　　地　　址：上海市番禺路 951 号

邮政编码：200030　　电　　话：021-64071208

印　　制：三河市祥达印刷包装有限公司　　经　　销：全国新华书店

开　　本：787 mm×1092 mm　1/16　　印　　张：14.75

字　　数：341 千字

版　　次：2023 年 3 月第 1 版　　印　　次：2024 年 5 月第 2 次印刷

书　　号：ISBN 978-7-313-27010-8

定　　价：49.80 元

本书编委会

主　审：白继平　杨　柳

主　编：赵帅帅　董梦雪　杨文远

副主编：叶学艳　刘莹莹　吴家佳

王苏芳　季云健

前言

PREFACE

城市轨道交通是国际公认的能耗低、污染少的“绿色交通”，也是城市客流输送的主力军。城轨车辆是城市轨道交通的重要运输工具，其功能、状态直接影响城轨运输的安全性、舒适性和快捷性。

“城市轨道交通车辆构造与运用”是城市轨道交通专业的一门核心课程，旨在培养高水平的城轨车辆技能型人才，使其熟练掌握城轨车辆的结构、原理及运用等。学好本门课程是学生从事城市轨道交通车辆相关工作的必要前提，也是学生进行专业技能实训和进入企业后继续深造的基础。编者根据城市轨道交通车辆的发展现状，结合城市轨道交通专业的人才教育理念和培养经验，精心编写了本书。

本书具有以下几个特点。

1 素质教育，立德树人

为了贯彻党的二十大精神，本书秉承能力教育与素质教育同向同行的理念，通过探寻城轨课程与素质教育的结合点，以多种途径巧妙自然地融入了素质元素，旨在帮助学生建立城市轨道交通基本知识框架的同时，引导学生增强民族自豪感、责任感，树立爱岗敬业、精益求精、服务社会的思想，增强绿色环保意识、安全意识和创新意识，实现能力与素质协同育人的教育理念。

2 校企合作，工学结合

本书在编写过程中得到了城市轨道交通行业相关专家的支持，充分考虑了城轨车辆相关岗位的实际情况，将理论知识和工作内容有机结合起来，可帮助学生在掌握理论知识的同时，了解相关岗位，使学生工作后能更快适应工作岗位。

3 结构合理，易教易学

为满足教学需求，本书采用项目式体例编写。全书共分 8 个项目，每个项目包含若干个任务，每个任务都按照“任务引入”→“知识储备”→“活页清单”的形式展开。

- **任务引入：**每个任务均以任务情景或典型的城轨案例引出正文，激发学生学习兴趣，并通过提问引发学生思考，使学生带着问题有针对性地学习。
- **知识储备：**以“实用、够用”为原则，讲解相关知识，语言简练，通俗易懂。
- **活页清单：**根据所讲解的内容安排实践活动，让学生在实践活动中加深对所学知识的理解。

4 模块多元，版面精美

本书根据内容需要设置了大量小模块，如“地铁趣闻”“地铁播报”“拓展阅读”“想一想”等，可加强学生对知识点的理解，丰富学生的知识面。另外，本书采用双色印刷，将图中的重要部件进行了重点标注。精心设计的版面大大增强了本书的可读性。

5 强化实践，学以致用

本书设计了丰富的实践活动，实践形式丰富多样，如制作分析报告、PPT 演讲活动等，让学生在实践中掌握知识要点，通过“学中做，做中学”的学习方式，快速提升学生对所学知识的运用能力。

6 数字资源，平台辅助

本书配备了丰富的数字资源（如微课、课件、答案等），辅助学生进行学习。这样不仅能提高学生的学习效率，还能使课堂教学达到事半功倍的效果。另外，读者还可以登录文旌综合教育平台“文旌课堂”（www.wenjingketang.com），下载相关教学资源包。

此外，本书还提供了在线题库，支持“教学作业，一键发布”，教师只需要通过微信或“文旌课堂”App 扫描扉页二维码，即可迅速选题、一键发布、智能批改，并查看学生的作业分析报告，提高教学效率、提升教学体验。学生可在线完成作业，巩固所学知识，提高学习效率。

本书由白继平、杨柳担任主审，赵帅帅、董梦雪、杨文远担任主编，叶学艳、刘莹莹、吴家佳、王苏芳、季云健担任副主编。

在编写本书的过程中，编者参考了大量的相关文献资料。在此，向这些文献资料的作者表示衷心的感谢！由于编者水平有限，书中存在疏漏与不当之处，恳请广大读者批评指正。

特别说明：

（1）本书在编写过程中，参考了大量的资料并引用了部分文章和图片等。这些引用的资料大部分已获授权，但由于部分资料来自网络，我们未能确认出处，也暂时无法联系到原作者。对此，我们深表歉意，并欢迎原作者随时与我们联系，我们将按规定支付酬劳。

（2）本书所选案例均来源于真实事件，但为了避免引起不必要的误会，部分人物使用了化名。

（3）本书没有注明资料来源的案例均为编者根据真实事件自编。

目录

项目七 城轨车辆空调系统 / 183

项目八 城轨车辆电力牵引系统及辅助供电系统 / 203

参考文献 / 225

项目一

城轨车辆概述

① 项目导读

城市轨道交通以其运量大、速度快等优势已经成为公共交通系统中不可缺少的组成部分。城市轨道交通车辆（简称城轨车辆）作为城市轨道交通中最主要的设备，集机械、电气、材料等多学科于一体，具有很高的技术含量。

本项目主要让大家了解城轨车辆的发展概况，认识城轨车辆整体，明确城轨车辆各分部之间的关系，为后续学习城轨车辆各分部奠定基础。

② 知识目标

（1）了解城轨车辆概况。

（2）掌握城轨车辆的类型和组成、主要技术参数。

（3）理解车辆限界、设备限界及建筑限界。

（4）掌握城轨车辆的编组和标识。

③ 能力目标

（1）能够说出城轨车辆的各组成部分。

（2）能够判断城轨车辆的编组形式，说出城轨车辆标识的含义。

④ 素质目标

（1）了解世界城轨车辆的发展历程，感受中国城轨车辆的发展速度，增强民族自豪感。

（2）了解城轨车辆的基本知识框架，树立服务社会的意识。

任务一　认识城轨车辆

任务引入

2018 年 7 月 26 日，成都地铁 6 号线首辆列车正式亮相，如图 1-1 所示。列车采用八节编组，全长 185 m，宽 3 m，全车定员 2 480 人，最大载客量可达 3 456 人，为成都当时载客量最大的地铁列车。

图 1-1　成都地铁 6 号线首辆列车

列车首次采用了多项新技术。例如，列车座椅首次采用"凹坑"设计，其更加符合人体工学，且具有良好的防滑性，乘坐舒适度高，如图 1-2（a）所示；动态线路图首次采用国内首创最大动态线路图显示屏，视觉效果更佳；吊环首次采用软性材质，拥有更加舒适的手握感，如图 1-2（b）所示；空调风道首次采用铝覆板材质，重量仅为原铝合金材质的 1/3，具有节能、环保、安全、高效等优点；车体型腔首次增加吸音材料，能有效降低噪声。

（a）座椅

（b）吊环

图 1-2　成都地铁 6 号线列车内部

思考：随着我国城市轨道交通的迅猛发展，车辆技术也在不断改进和提升。目前城轨车辆的发展状况如何？

一、城轨车辆概况

城市轨道交通是一种在城市区域内专用轨道上运送乘客的公共交通系统，其历史可以追溯到 19 世纪 20 年代，当时西欧出现了蒸汽机牵引火车的地面铁路。1863 年英国第一条地铁线路的出现，标志着城市交通进入了轨道交通时代。

世界城市轨道交通经历了 4 个阶段，即诞生和初始发展阶段（1863—1924 年）、停滞萎缩阶段（1924—1949 年）、再发展阶段（1949—1969 年）、高速发展阶段（1970 年至今）。当今世界各大城市都确立了公交优先、轨道交通是公交骨干的政策。目前，城市轨道交通的类型主要有地铁（地下铁道的简称）、有轨电车、轻轨、独轨及磁悬浮列车等。表 1-1 是对不同类型城轨车辆的简单比较。

城市轨道交通的类型

表 1-1　不同类型城轨车辆的简单比较

类型	适应距离/km	速度范围/（$km \cdot h^{-1}$）	运量/（万人 $\cdot h^{-1}$）	工程造价/（亿元 $\cdot km^{-1}$）
地铁	30～60	80～120	3～6	6～8
有轨电车	15～25	60～70	0.8～1.5	1～1.5
轻轨	20～50	80～100	2～3	3～4
独轨	20～50	70～80	1.5～2	2～3
磁悬浮列车（中低速）	20～50	100～120	0.8～1.5	1.5～2

地铁趣闻

世界上第一条地铁的诞生

1863 年 1 月 10 日，伦敦建成了世界上第一条全长为 6 km 的地铁。目前，这条铁道已经延长至 88.5 km，多达 61 个车站，是当今世界最长的地铁。

其实，最早提出修地铁的人并不是铁道专家，而是一名很有辩护才能的律师——查尔斯 • 皮尔逊。他用 3 年的时间论证了火车入地的可行性，并于 1850 年正式递交了《城市修地下铁道的方案》。但是这个方案在当时看来有点异想天开，经过 6 年的论证后，才被正式采纳。1863 年，这个异想天开的方案实现了，世界上第一条地铁在伦敦诞生了！

1. 地铁

地铁是指以地下运行为主、部分设于路面或高架线上的城市轨道交通系统。地铁发展迅速，现在已经成为现代城市最重要的交通工具之一。

地铁的主要特征如下。

（1）全部或大部分线路建于地下。

（2）建设费用大、周期长、成本回收慢。

（3）运量大。

（4）行车密度大、速度快。

由于地铁是目前城市轨道交通的最主要形式，因此本书介绍的城轨车辆如无特别说明均是指地铁车辆。

2. 有轨电车

有轨电车是指由电力驱动并在轨道上行驶的轻型城市轨道交通系统。目前，我国长春、大连仍有老式有轨电车，天津、苏州、南京及沈阳也有新型有轨电车，如图 1-3 所示。

图 1-3　苏州高新区有轨电车

有轨电车的主要特征如下。

（1）投资少，为地铁的 1/3～1/10。

（2）相对地铁，有轨电车更加灵活。

（3）中运量。

（4）平稳、舒适。

3. 轻轨

轻轨是指在专用轨道上运行的中运量城市轨道交通系统。轻轨起源于欧洲，是在有轨电车的基础上发展起来的。目前，轻轨在欧洲、北美等地都得到了广泛应用。

轻轨的主要特征如下。

（1）线路建于地面、地下和高架线上。

（2）建设费用较地铁低。

（3）中运量。

（4）可在坡度大、弯道小的线路上正常行驶。

4．独轨

独轨是指在单一轨道上运行的城市轨道交通系统。独轨的线路采用高架结构，车辆大多采用橡胶轮胎。从结构形式上，独轨可分为跨座式独轨与悬挂式独轨两种。前者采用车辆跨坐在轨道梁上运行的形式，其重心在轨道上方，如图 1-4（a）所示；后者则采用车辆悬挂在轨道梁下运行的形式，其重心在轨道下方，如图 1-4（b）所示。

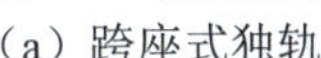
（a）跨座式独轨

（b）悬挂式独轨

图 1-4　不同类型的独轨

独轨的主要特征如下。

（1）建设周期仅为地铁的 1/2，造价成本仅为地铁的 1/3。

（2）采用直线电机，爬坡能力强。

（3）中运量。

（4）轴重小、占地面积小。

5．磁悬浮列车

磁悬浮列车是一种新型轨道交通工具，它通过电磁力实现与轨道之间的无接触悬浮和导向。磁悬浮列车主要由悬浮系统、推进系统和导向系统三大部分组成。根据速度的不同，磁悬浮列车可分为高速磁悬浮列车和中低速磁悬浮列车。目前，我国上海、长沙、北京均有磁悬浮列车运营，其中上海的磁悬浮列车为高速磁悬浮列车，长沙和北京的磁悬浮列车为中低速磁悬浮列车。

磁悬浮列车的主要特征如下。

（1）运行速度快，采用直线电机，易于控制。

（2）噪声小，无污染。

（3）与轨道不接触，无磨损运行，维修费用低，耗能低。

（4）科技含量高。

（5）易转弯，爬坡能力强。

小案例

北京首条磁悬浮轨道交通 S1 线试运营

2017 年 12 月 30 日，北京首条中低速磁悬浮线路——S1 线（见图 1-5）正式开通试运营，它连接石景山区和门头沟区，是北京西部居民出行的重要交通线路。

S1 线线路全长约为 10.2 km，车站全部为高架车站，共配属 10 组列车，额定载客量为 916 人。该线从 2011 年开工建设，2013 年 10 月复工建设，历时 7 年多的论证、建设，整条线于 2017 年 10 月正式完工。S1 线采用中低速磁悬浮交通模式，列车运行时会浮起 8～10 mm。S1 线的开通，标志着中低速磁悬浮交通技术工程化研发成果在北京成功落地。

图 1-5　北京首条中低速磁悬浮线路——S1 线

二、城轨车辆的特点

（1）载客能力强。大型地铁车辆载客量可达 350 人/辆。

（2）为使乘客在短时间内完成上下车，车门数量设置较多，每节车厢单侧门数量一般为 3～5 个。

（3）车辆间采用封闭式贯通道，便于使各车厢乘客分布均匀；车辆间密接式车钩可进行机械、电气等连接。

（4）环境条件好，如齐全的照明设备、良好的通风系统等。

（5）安全可靠性强。车辆的设计、材料的选用都以车辆运行和乘客安全为首要原则，设备先进，故障率低，稳定性、可靠性强。为适应高密度行车组织，车辆采用自动控制系统以保证行车安全和运行效率。

（6）动力性能好。各车站之间距离一般较短，故车辆一般具有较强的加速能力和良好的制动效果。

（7）节能环保。车辆常用电力作为牵引动力，节能环保。

（8）车体朝轻量化方向发展。车体采用大断面铝合金型材或不锈钢材料来进行焊接，最大限度地减轻了车重。

三、城轨车辆的类型

1. 按车辆规格分类

按车辆规格的不同，城轨车辆可分为 A 型车、B 型车和 C 型车，如图 1-6 所示。

（a）A 型车

（b）B 型车

（c）C 型车

图 1-6　不同车辆规格的城轨车辆

（1）A 型车：车辆基本长度为 22 m，宽度为 3 m。

（2）B 型车：车辆基本长度为 19 m，宽度为 2.8 m。

（3）C 型车：车辆基本长度为 19 m，宽度为 2.6 m。

2. 按动力配置分类

按动力配置的不同，城轨车辆可分为动车（motor）和拖车（trailer）。通常，动车用“M”表示，拖车用“T”表示。

（1）动车：转向架上装有动力装置。动车可带受电弓（pantograph），用“Mp”表示。

（2）拖车：转向架上没有动力装置，仅有载客功能。拖车可设置司机室（cab），用“Tc”表示；也可带受电弓，用“Tp”表示。

3. 按车载设备分类

按车载设备的不同，城轨车辆可分为A类车、B类车和C类车，如图1-7所示。

图1-7 不同车载设备的城轨车辆

（1）A类车：拖车（T），一端设有司机室。

（2）B类车：动车（M），车顶装有受电弓或车下装有集电靴。

（3）C类车：动车（M），车底装有一套空气压缩机组。

地铁播报

按车辆规格分类的A型车、B型车和C型车与按车载设备分类的A类车、B类车和C类车的概念完全不同。

四、城轨车辆的组成

城轨车辆一般包括车体、车门、转向架、连接装置、制动系统、空调系统、电力牵引系统和辅助供电系统等部分。

1. 车体

车体是车辆的主体结构，通常由底架、侧墙、端墙、车顶和司机室等组成。车体可承受外部阻力，传递牵引力，且具有隔音、减振和保暖的效果。此外，车体上还安装有座椅、扶手及驾驶操纵台等附属设施。

2. 车门

车门可分为客室门、逃生门、司机室侧门、间隔门等，如图1-8所示。其中，客室门主要供乘客上下车，是使用最频繁的设备之一。它与乘客安全密切相关，因此客室门必须牢固可靠。同时，为了应对车门故障或其他紧急情况，车门一般都配备现场切除装置和紧急开门装置。

（a）客室门

（b）逃生门

（c）司机室侧门

（d）间隔门

图 1-8　车　门

3. 转向架

转向架（见图 1-9）是车辆的走行装置，安装于车体和轨道之间，用以支撑车体、引导车辆沿轨道行驶，是保障车辆良好运行的关键部件。转向架主要由构架、轮对轴箱装置、弹簧减振装置及驱动装置等组成，其性能决定了车辆的运行速度和乘坐的安全舒适性。

图 1-9　转向架

4. 连接装置

连接装置包括车钩缓冲装置和贯通道装置，位于两节车厢的连接处，可实现车辆与车辆的连接，能有效调节各车厢的乘客分布，有助于传递、缓和车辆的纵向力。

5. 制动系统

制动系统是车辆安全运行的重要保障，可使车辆按需减速或停车，并可防止静止的车辆溜走。动车和拖车都设有制动系统，其制动方式主要为空气制动和电制动。

6. 空调系统

空调系统一般安装在车顶，用于调节车厢空气的温度、湿度及洁净度等，以满足乘客的舒适性要求。每节车厢均配备两个独立的空调机组，且由一个控制柜控制。

7. 电力牵引系统和辅助供电系统

电力牵引系统主要是将电能转换为牵引车辆运行的动能，辅助供电系统主要是为车载设备提供电源。

班级：　　　　　　　　姓名：　　　　　　　　学号：

请结合课程所学，翻译下列英文段落。

A six-car train comprises two three-car units. These units coupled by a semi permanent bar coupler, but can be driven as a three-car train for non-operational purposes.

Each three-car unit comprises.

A driving's trailer (Dt).

A motor vehicle, equipped with a pantograph (Mp).

A motor vehicle-intermediate (Mi).

任务二　城轨车辆技术参数和限界

任务引入

地铁由于具有便捷、舒适与环保等优点，已经成为越来越多市民的出行首选。地铁车辆的一些技术参数直接关系到乘客乘坐的舒适性，你知道表征地铁车辆性能的技术参数有哪些吗？试选取你所在城市或其他城市某地铁车辆，描述其技术参数。

一、城轨车辆的主要技术参数

城轨车辆的技术参数是一种表征车辆性能和结构特征的指标，一般包括性能参数和主要尺寸两部分。表 1-2 为广州地铁 1 号线地铁车辆主要技术参数。

表 1-2　广州地铁 1 号线地铁车辆主要技术参数

技术参数			参数值
性能参数	载客量/人		2 500
	轴重/t		≤ 16
	最高运行速度/（km・h^{-1}）		80
	构造速度/（km・h^{-1}）		90
	平均启动加速度/（m・s^{-2}）		1.0
	常用制动减速度/（m・s^{-2}）		1.0
	紧急制动减速度/（m・s^{-2}）		1.2
	车辆平稳性指标		2.7
	供电电压/V		DC 1 500
主要尺寸	列车长度/mm		140 000
	车辆长度/mm	A 类车	24 400
		B 类车、C 类车	22 800
	车辆宽度/mm		3 000
	车辆高度/mm		3 800
	转向架中心距/mm		15 700
	固定轴距/mm		2 500
	地板面高度/mm		1 130

1. 性能参数

（1）自重是指车辆本身的全部质量。

（2）载重是指车辆允许的最大装载质量，以吨（t）为单位。

（3）载客工况是指座席数及每平方米地板面的站立人数。城轨车辆一般有 4 种载客工况。

① AW0：无乘客（空载）；

② AW1：座客载荷；

③ AW2：定员载荷（6 人/m^2）；

④ AW3：超员载荷（9 人/m^2）。

例如，表 1-3 为西安地铁 2 号线车辆载客量。

表 1-3 西安地铁 2 号线车辆载客量

载客工况	单辆车载客量/人		六节编组列车载客量/人
	Tc 车	M 车、T 车、Mp 车	
AW0	0	0	0
AW1	36	42	240
AW2	226	254	1 468
AW3	290	325	1 880

（4）轴重是指车轴允许负担的最大质量（包括轮对自身的质量）。轴重的选择与线路、桥梁及车辆走行装置设计有关。

（5）每延米轨道载重是指车辆总质量与车辆全长之比。

（6）构造速度是指车辆设计时根据安全及结构强度等条件所决定的车辆最高行驶速度，以 km/h 为单位。注意：车辆实际运行速度不允许超过构造速度。

（7）最大启动加速度是指车辆以最大牵引力启动时的加速度。

（8）平均启动加速度是指车辆以各级牵引力启动时的平均加速度。

（9）最大制动减速度是指车辆以最大制动力制动时的减速度。

（10）通过最小曲线半径是指配备某种类型转向架的车辆在车站或厂、段内调车时能安全通过的最小曲线半径。当车辆在此曲线段上行驶时，不得出现脱轨、倾覆等危及行车安全的事故，也不允许转向架与车体底架或车下其他悬挂物相碰。

（11）轴配置或轴列式是指用数字或字母表示车辆转向架结构特点的方式。若车辆为 4 轴动车，设两台动力转向架，则轴配置记为 B-B；若车辆为 6 轴单铰轻轨车，其两端为动力转向架，中间为非动力铰接转向架，则轴配置记为 B-2-B。

地铁播报

轴配置符号的含义

（1）字母（或数字）个数表示车辆转向架数。

（2）字母（或数字）本身表示车辆转向架轴数，A 表示 1 根动轴，B 表示 2 根动轴，C 表示 3 根动轴，D 表示 4 根动轴，2 表示 2 根非动力轴。

（3）“-”表示两台转向架之间相互独立。

（12）**制动形式**是指车辆获得制动力的方式，如摩擦制动、再生制动及电阻制动等。车辆制动的优先级（从高到低）：再生制动＞电阻制动＞摩擦制动。

（13）**冲击率**是指车辆加速度在单位时间内的变化，用来表征工况改变引起的车辆纵向冲击。地铁车辆正常运行时纵向冲击率不得超过 1 m/s^3。

（14）**车辆平稳性指标**是指评定乘坐舒适度的指标，反映了车辆振动对人的影响。车辆平稳性指标值越大，车辆的稳定性越差，通常该指标值应小于 2.7。

（15）**转向架安全性指标**是指反映转向架运行平稳性的指标，包括脱轨系数、倾覆系数和轮重减载率等。

（16）**供电电压**是指供电点处的线电压或相电压，一般采用 DC 1 500 V 或 DC 750 V。

2. 主要尺寸

（1）**车辆长度**是指车辆前后端车钩之间的距离，如图 1-10 中尺寸 *A* 所示。

（2）**最大宽度**是指车体横断面上最宽部分的尺寸。

（3）**最大高度**是指车辆顶部最高点至轨面的垂直距离。

（4）**转向架中心距**又称**车辆定距**，是指同一车辆的两相邻转向架中心之间的距离，如图 1-10 中尺寸 *B* 所示。

（5）**固定轴距**是指同一转向架的两车轴中心线之间的距离，如图 1-10 中尺寸 *C* 所示。

（6）**车钩高**是指车钩中心线距轨面的高度，如图 1-10 中尺寸 *D* 所示。同一列车各车辆的车钩高应基本一致，以使车辆在运行或连挂时传递牵引力，防止车辆发生脱钩事故。

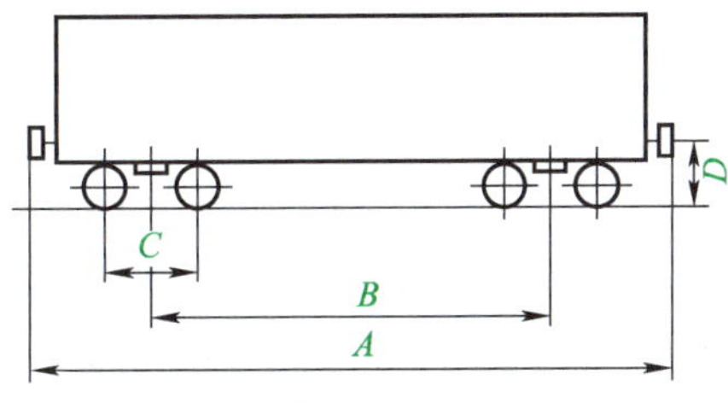

图 1-10 车辆纵向几何尺寸

（7）**地板面高度**是指车辆地板面与轨道顶面的垂直距离。地板面高度主要受车辆本身某些结构高度的限制。

二、城轨车辆限界

限界是指对城轨车辆、临近线路的建筑物和设备所规定的不允许超越的轮廓尺寸线。规定限界可防止车辆撞击邻近线路的建筑物和设备，以确保车辆在线路上安全运行。

限界是工程建设、管线确定和设备安装时必须遵循的依据，可分为车辆限界、设备限界和建筑限界 3 种，三者的关系如图 1-11 所示。

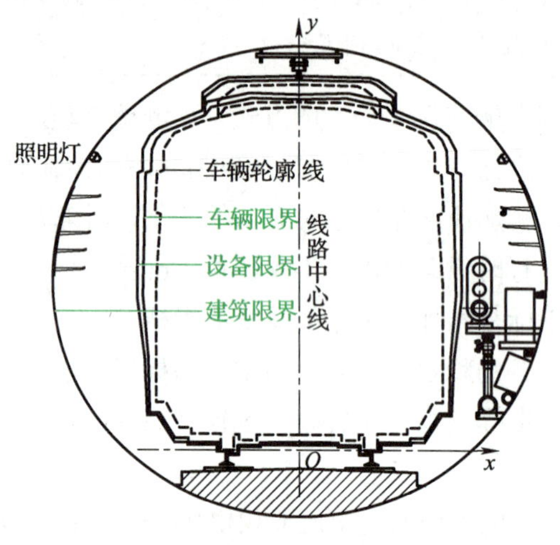

图 1-11　限界关系图

1. 车辆限界

车辆限界是指车辆在正常运行状态下，最大的横向和纵向所占空间的轮廓尺寸线。受电弓限界或受流器限界是车辆限界的组成部分。

为保证行车安全，车辆限界和车辆轮廓线之间必须留出一定的安全空间。

2. 设备限界

设备限界是指车辆限界以外的、限制设备安装的轮廓尺寸线。除另有规定外，地面固定设备的任何部分及其刚性和柔性运动范围，均不得侵入设备限界。接触轨限界属于设备限界的辅助限界。

设备限界和车辆限界之间也需要留有一定的安全空间，作为未涉及因素的安全留量。

3. 建筑限界

建筑限界是指建筑物在线路横断面方向侵入线路的最小轮廓尺寸线，即每一线路必须保有的最小空间的横断面。凡是靠近线路的建筑物在任何情况下均不得侵入建筑限界。

为保证行车安全，建筑限界和设备限界之间也必须留有一定的安全空间。

拓展阅读

车辆限界、设备限界及建筑限界之间必须留出一定的安全空间，这个空间应考虑以下因素。

（1）车辆尺寸，包括车辆长度、最大高度、固定轴距及地板面高度等。

（2）车辆制造公差或磨耗等因素引起的车辆上下、左右方向的偏移或倾斜。

（3）车辆弹簧自身性能误差或外界载荷作用引起的偏移或下沉。

（4）车辆在运行中受力的作用造成车辆相对线路的偏移。

（5）车辆与轨道之间存在的横向间隙可能引起车辆相对路线的偏移。

（6）在车辆反复作用下产生的线路变形，如轨道不平顺等。

班级：　　　　　　　　姓名：　　　　　　　　学号：

以天津地铁 2 号线车辆为例，利用本任务学到的知识，选定某城轨车辆，查找相关资料，描述该城轨车辆的技术参数，并填入表 1-4 中。

表 1-4　天津地铁 2 号线车辆与________________车辆主要技术参数对比

技术参数			天津地铁 2 号线车辆	________车辆
			参数值	参数值
性能参数	载客量/人	定员载荷（6 人/m^2）	1 440	
		超员载荷（8 人/m^2）	1 832	
	通过最小曲线半径/m	正线	300	
		车场线	150	
	轴重/t		≤ 14	
	最高运行速度/（km · h^{-1}）		80	
	平均启动加速度/（m · s^{-2}）		≥ 0.5	
	紧急制动减速度/（m · s^{-2}）		≥ 1.2	
	供电电压/V		DC 750	
主要尺寸	车辆长度/mm		19 000	
	车辆宽度/mm		2 800	
	车辆高度/mm		3 800	
	车钩高/mm		660 ± 10	
	转向架中心距/mm		12 600	
	固定轴距/mm		2 200	
	地板面高度/mm		1 100	
其他尺寸				

20

任务三　城轨车辆的编组和标识

乘坐地铁时，我们常常会看到地铁列车外侧有由数字（或字母）加数字组成的编号，如某杭州地铁列车外侧编号为 010153。你知道编号代表什么意思吗？为什么地铁公司要对列车进行编号呢？通过本任务的学习，我们就可以找到答案。

一、城轨车辆的编组

城轨车辆的编组是指一列车的组成，即列车的车辆数和动拖车的配置方式。动车和拖车通过车钩连接而成的一个相对固定的编组称为一个单元，一列车可以由一个或几个单元组成。

城轨车辆的编组是城轨规划设计的重要部分，它不仅与车站长度、车辆的运输能力、供电系统及通风系统等密切相关，还与工程规模、工程投资及运营费用等密切相关，因而合理选择编组形式至关重要。

我国地铁车辆的编组一般为四节编组、六节编组和八节编组。

1. 四节编组

四节编组形式一般为二动二拖，适用于运量较小的中小城市或线路。例如，天津滨海轻轨车辆采用二动二拖编组：= Mcp * T = T * Mcp =，Mcp 为带司机室和受电弓的动车，T 为拖车，如图 1-12 所示。杭州地铁 16 号线车辆也采用四节编组，即 2 辆半动车和 2 辆动车编组：– Mc * Mp * Mp * Mc –，Mc 为带司机室的动车，但仅 2 位端转向架带动力，所以 Mc 为半动车，Mp 为带受电弓的动车。

图 1-12　二动二拖编组

小提示

“–”表示全自动车钩，“=”表示半自动车钩，“*”表示半永久车钩（后续会提到）。

2. 六节编组

六节编组是应用最广泛的编组形式，其形式一般为四动二拖和三动三拖。

例如，杭州地铁 2 号线车辆、广州地铁 1 号线车辆均采用四动二拖编组：－Tc＊Mp＊M＝M＊Mp＊Tc－，Tc 为带司机室的拖车，车底装有一套空气压缩机组，Mp 为带受电弓的动车，M 为动车，如图 1-13 所示。

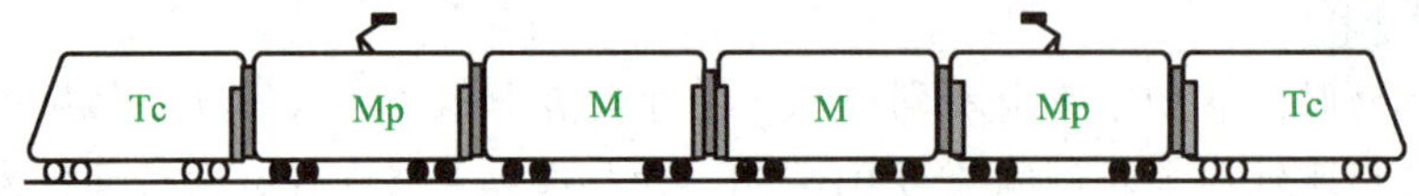

图 1-13　四动二拖编组

沈阳地铁 1 号线车辆采用三动三拖编组：－Tc＊Mp＊M＊T＊Mp＊Tc－，如图 1-14 所示。采用该编组形式的还有北京地铁 10 号线车辆、天津地铁 2 号线车辆、西安地铁 1 号线车辆等。

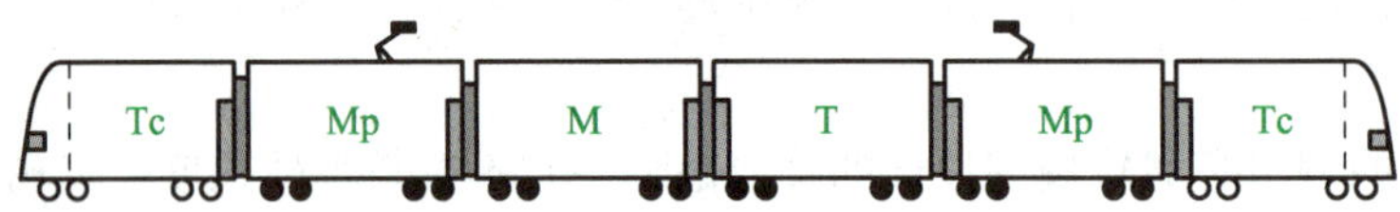

图 1-14　三动三拖编组

3. 八节编组

八节编组形式一般为六动二拖，适用于人口密集的大都市。例如，广州地铁 13 号线采用六动二拖编组：－Tc＊Mp＊M＊Mp＝M＊M＊Mp＊Tc－，如图 1-15 所示。

图 1-15　六动二拖编组

二、城轨车辆的标识

为了方便城轨车辆在运行或检修时的管理和识别，相关部门必须对车辆进行标识。一般，每辆车都要有属于自己的固定编号。

城轨车辆的标识主要有车辆编号、车端和车侧的标识、转向架和轴的编号、车门和座椅的编号、空调机组的编号等。

1. 车辆编号

车辆编号简称车号。每节车厢都有自己唯一的车号，其一般位于每节车厢的连接处或车厢外侧。

车号一般分为 3 个独立的部分，即线路号、车组编号和车厢编号。由于各城轨车辆制造商或运营商的编号方式不一样，下面以杭州地铁车辆为例介绍车号各组成部分的含义。

1）线路号

线路号一般为两位，可直接使用线路数字名称。例如，02 代表 2 号线，09 代表 9 号线，16 代表 16 号线。

2）车组编号

车组编号为三位，采用 001～999 顺编的方式来编号。例如，04002 代表 4 号线的第 2 组列车，08041 代表 8 号线的第 41 组列车。

3）车厢编号

车厢编号是从一组列车的车首到车尾按 1～n 的顺序进行编号。例如，010375 代表 1 号线第 37 组列车的第 5 节车厢，而 160154 则代表 16 号线第 15 组列车的第 4 节车厢。一般情况下，往下行方向的第一节车厢编号为 1。

地铁趣闻

北京地铁 10 号线现“10086”专车

某日，某乘客在候车时发现北京地铁 10 号线列车车头的侧面出现了 100861 的标志。10086 是移动公司的客服电话，它怎么会出现在列车车头上，难道是移动公司的广告？

北京地铁公司回应称，其实 100861 是车号，前两位表示本车为 10 号线，086 表示第 86 组列车，1 表示第 1 节车厢。仔细观察可以发现 100861 并不是连在一起的，10 和 0861 之间有一定的空隙，而且在 100861 数字前面还有清晰的蓝色地铁标识。

2. 车端和车侧的标识

1）车端标识

如图 1-16（a）所示，每辆车都有 1 位端和 2 位端，可按下列方法确定。

（1）A 类车：带自动车钩的一端为 1 位端，另一端为 2 位端。

（2）B 类车：与 A 类车连接的一端为 1 位端，另一端为 2 位端。

（3）C 类车：与 B 类车连接的一端为 1 位端，另一端为 2 位端。

2）车侧标识

人立于车辆 2 位端，面向车辆 1 位端，则人的左侧为该车辆的左侧，人的右侧为该车辆的右侧，如图 1-16（b）所示。

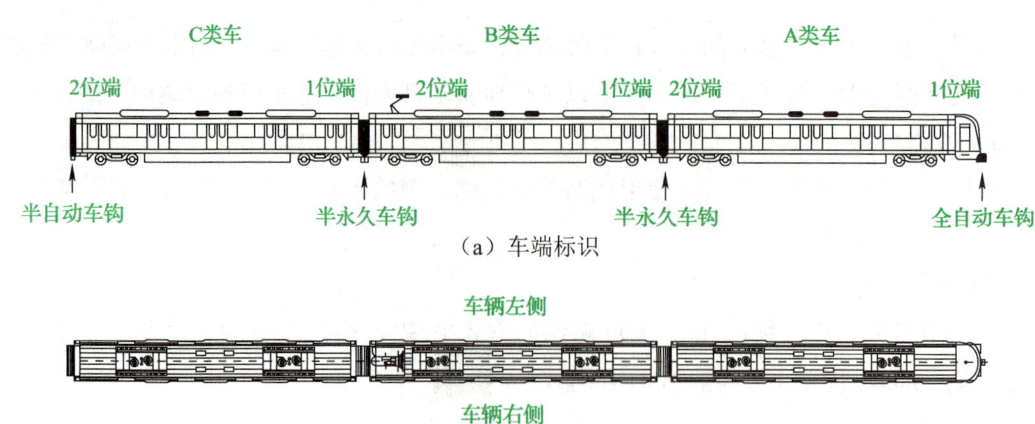

（a）车端标识

（b）车侧标识

图 1-16　车端和车侧标识

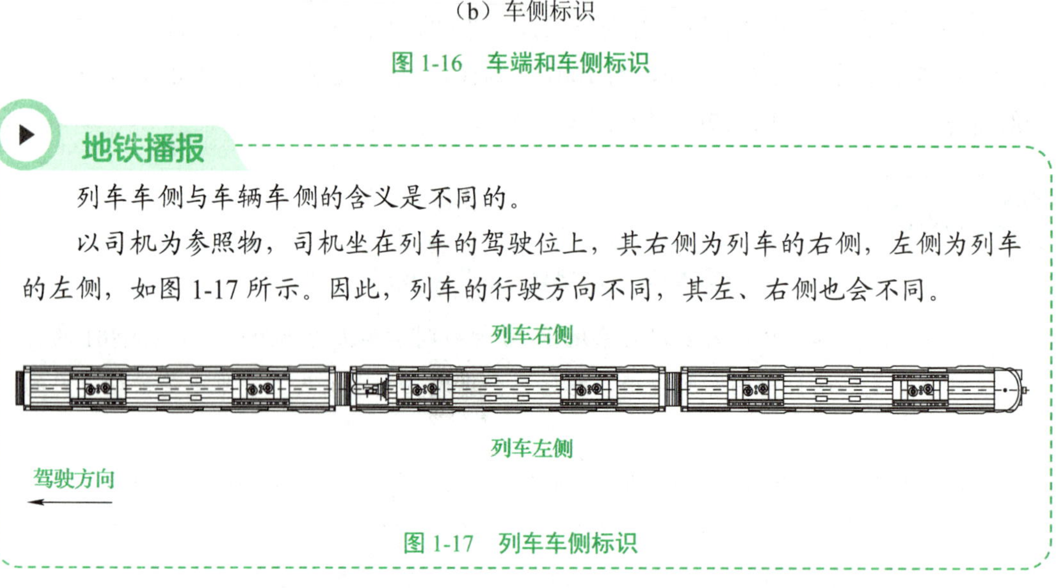

地铁播报

列车车侧与车辆车侧的含义是不同的。

以司机为参照物，司机坐在列车的驾驶位上，其右侧为列车的右侧，左侧为列车的左侧，如图 1-17 所示。因此，列车的行驶方向不同，其左、右侧也会不同。

图 1-17　列车车侧标识

3. 转向架和轴的编号

每辆车都有两个转向架：转向架 1 和转向架 2，如图 1-18 所示。前者靠近车辆的 1 位端，后者靠近车辆的 2 位端。

每辆车有 4 根轴，其从 1 位端到 2 位端依次为轴 1、轴 2、轴 3 和轴 4，如图 1-18 所示。

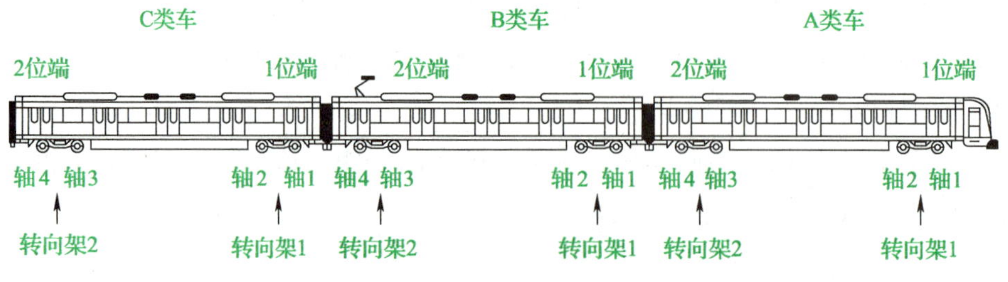

图 1-18　转向架和轴的编号

4．车门和座椅的编号

从车辆 1 位端到 2 位端，车辆左侧车门的编号依次为 1、3、5……，右侧车门的编号依次为 2、4、6……。而一个车门由两个门叶组成，从车内看向车门，左门叶编号为 A，右门叶编号为 B，如图 1-19 所示。

从车辆 1 位端到 2 位端，车辆左侧座椅的编号依次为 1、3、5……，右侧座椅的编号依次为 2、4、6……，如图 1-19 所示。

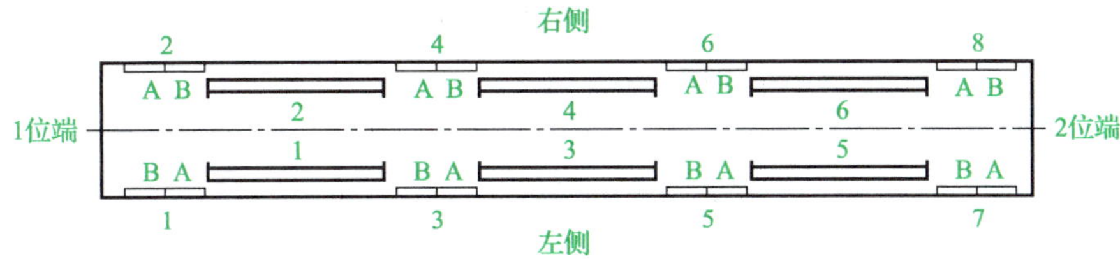

图 1-19　车门和座椅的编号

5．空调机组的编号

每辆车的车顶安装有 2 个空调机组，靠近 1 位端的空调机组为空调机组 1，靠近 2 位端的空调机组为空调机组 2。

活页清单 1.3

班级：　　　　　　　　　　姓名：　　　　　　　　　　学号：

图 1-20 为广州地铁 2 号线列车，请用字母、编号或图示描绘出其编组形式、车端标识以及转向架和轴的编号。

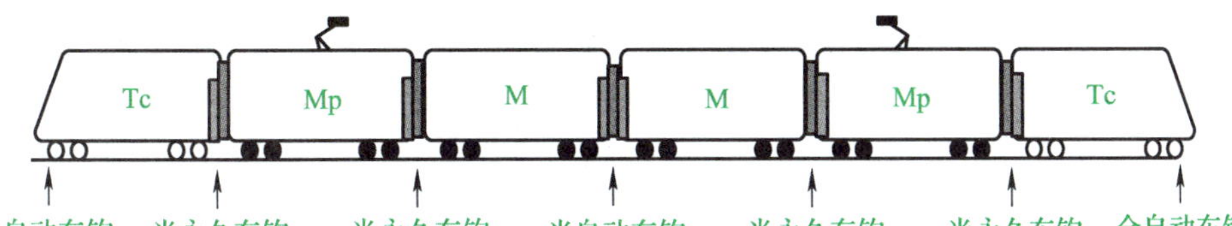

图 1-20　广州地铁 2 号线列车

活页作业 1

班级：　　　　　　　　　　姓名：　　　　　　　　　　学号：

1. 填空题

（1）目前，城市轨道交通的类型主要有______________、______________、______________、______________及______________等。

（2）____________是指以地下运行为主、部分设于路面或高架线上的城市轨道交通系统。

（3）从结构形式上，独轨可分为______________与______________两种。

（4）按车辆规格的不同，城轨车辆可分为______________、______________和______________。

（5）按动力配置的不同，城轨车辆可分为______________和______________。通常，动车用____________表示，拖车用____________表示。

（6）____________是指车辆设计时根据安全及结构强度等条件所决定的车辆最高行驶速度。

（7）____________是指同一车辆的两相邻转向架中心之间的距离。

（8）我国地铁列车的编组一般为____________、____________和____________。

（9）车号一般分为 3 个独立的部分，即______________、______________和______________。

2. 判断题

（1）轻轨是一种大运量城市轨道交通系统。（　　）

（2）为使乘客在短时间内完成上下车，地铁车门数量设置较多，每节车厢单侧门数量一般为 3～5 个。（　　）

（3）拖车可设置司机室，用“Tp”表示。（　　）

（4）每节车厢均配备两个独立的空调机组，且由一个控制柜控制。（　　）

（5）车辆制动的优先级：再生制动>摩擦制动>电阻制动。（　　）

（6）受电弓限界或受流器限界是设备限界的组成部分。（　　）

3. 简答题

（1）简述至少 3 个不同类型城市轨道交通的特点。

（2）简述城轨车辆的特点。

（3）城轨车辆由哪几部分组成？

（4）什么是城轨车辆的车辆长度、最大宽度和最大高度？

（5）城轨车辆一般有 4 种载客工况，即 AW0、AW1、AW2 和 AW3，它们分别表示什么意思？

（6）什么是车辆限界、设备限界和建筑限界？

（7）杭州地铁车辆编号 060375 的含义是什么？

项目二

城轨车辆车体

① 项目导读

城轨车辆大多运行在人口密集的市区，载客量大，需要极高的安全可靠性。城轨车辆车体直接关系到车辆运行的安全性和乘客乘坐的舒适性。因此车体应具有足够的强度以确保乘客安全，同时还应具有隔热、隔音性能，并需安装座椅、扶手和车窗等。车体材料的选择至关重要，不锈钢车体和铝合金车体是目前城轨车辆车体的主流。

② 知识目标

（1）熟悉城轨车辆车体的作用和类型。

（2）掌握城轨车辆车体的基本特征和组成。

（3）了解不锈钢车体的发展状况，掌握不锈钢车体的特点和组成。

（4）了解铝合金车体的发展状况，掌握铝合金车体的特点和组成。

③ 能力目标

（1）能够识别城轨车辆车体的类型。

（2）能够分析不锈钢车体和铝合金车体的组成。

④ 素质目标

在车体材料不断升级的过程中，通过对比不同车体材料的耐磨性、抗腐蚀性、舒适度、强度、成型等性能，不断提升对产品品质的追求，对于产品质量要有精益求精的“工匠精神”。

任务一 车 体

任务引入

随着城市轨道交通业的迅速发展，地铁着火、列车相撞等事故（见图 2-1）发生的概率显著增高。由于车体是确保城轨车辆交通安全、高效运行的关键部件，因此城轨车辆车体的种类、特征、组成等都是我们必须要掌握的内容。通过本任务的学习，我们就能了解这些内容。

图 2-1 事故发生后的车体

车体是车辆结构的主体，是安装和连接其他设备及组件的基础，可以用来运载乘客。

一、车体的类型

1. 按车体断面轮廓分类

按车体断面轮廓的不同，车体可分为 V 形车体和鼓形车体，如图 2-2 所示。相较于 V 形车体，鼓形车体向外微凸，可提高车体的空间容纳力，使乘客乘坐更加舒适。目前，北京、深圳、武汉等城市的地铁车辆均采用鼓形车体。

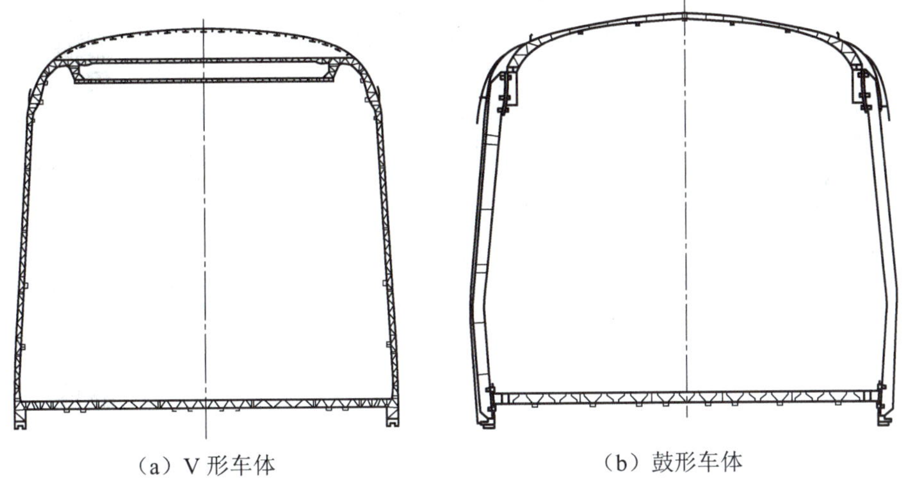

图 2-2　断面轮廓不同的车体

2．按车体宽度分类

按车体宽度的不同，车体可分为 A 型车车体、B 型车车体、C 型车车体。

1）A 型车车体

A 型车车体一般宽 3.0 m，长 22 m，高 3.8 m。例如，杭州地铁 7、8 号线均采用了 A 型车车体。

2）B 型车车体

B 型车车体一般宽 2.8 m，长 19 m，高 3.8 m。例如，杭州地铁 1、2、4 号线均采用了 B 型车车体。

3）C 型车车体

C 型车车体一般宽 2.6 m，长 19 m，高 3.8 m。例如，上海地铁 6、8 号线均采用了 C 型车车体。

一般来说，A 型车车体和 B 型车车体比较适用于高运量和大运量的地铁线路，C 型车车体适用于轻轨。

2017 年 4 月，环保部正式予以批复西安再建 10 条地铁，其中 7、8、11、15 号线采用六节 A 型车编组，其他线路采用六节 B 型车编组。两种车型的主要区别除了车宽以外，还体现在车辆长度等方面，如表 2-1 所示。A 型车客室空间更宽敞，车辆定员较 B 型车多约 1/3。

表 2-1 A 型车和 B 型车参数对比

名称		A 型车	B 型车
车辆基本长度/mm		22 800（中间车）	19 520（中间车）
车辆基本宽度/mm		3 000	2 800
车辆最大高度/mm	受流器车	3 800	3 800
	受电弓落弓时	3 810～3 890	3 810～3 890
车内净高度/mm		≥2 100	≥2 100
底板面高/mm		1 130	1 100
转向架中心距/mm		15 700	12 600
固定轴距/mm		2 500	2 200～2 300
侧门对数/对		5	4
定员载客量/人		310～320	230～250

随着未来城市人口的持续增长，地铁急需提升车辆运载能力，以缓解线路运载压力过大的局面。采用 A 型车可提升地铁运力，为未来地铁客流预留足够空间。

3. 按车体有无司机室分类

按车体有无司机室，车体可分为有司机室车体和无司机室车体，如图 2-3 所示。

（a）有司机室车体

（b）无司机室车体

图 2-3 有、无司机室的车体

4. 按车体材料分类

按车体材料的不同，车体可分为碳素钢车体、不锈钢车体和铝合金车体。自 1863 年伦敦建成世界上第一条地铁线以来，城轨车辆长期采用碳素钢车体。但是，碳素钢车体由于具有强度低、重量大、能耗高、易腐蚀、寿命短、维修量大等缺点，自 20 世纪 50 年代起逐渐被不锈钢车体和铝合金车体取代。目前，国内城轨车辆车体的材质主要有不锈钢和铝合金两种。

5．按车体结构工艺分类

按车体结构工艺的不同，车体可分为一体化结构车体和模块化结构车体。一体化结构车体是几十年来国内普遍采用的。模块化结构车体是 20 世纪 90 年代中后期在国外发展起来的一种新型车体结构。目前，模块化结构车体在国内以理论研究为主，实际应用相对较少，但这将是未来车体结构的发展趋势。

1）一体化结构车体

一体化结构车体又称整体焊接结构车体，是指先制造车体的底架、侧墙、端墙和车顶等部件，然后再整体焊接而成的车体。例如，广州地铁 1 号线车辆采用的就是一体化结构车体。

2）模块化结构车体

模块化结构车体是指将整个车体分成若干个模块分别生产，最终拼接而成的车体，如图 2-4 所示。例如，杭州地铁 2 号线车辆采用的就是模块化结构车体。每个模块在制造过程中，要完成整车需要的内装、布管与布线的预组装，并解决相互间的接口问题，车顶模块的结构如图 2-5 所示。每个模块本身是通过各组成部分焊接而成的，而各模块之间的总装采用机械连接。模块化结构车体断面图如图 2-6 所示。

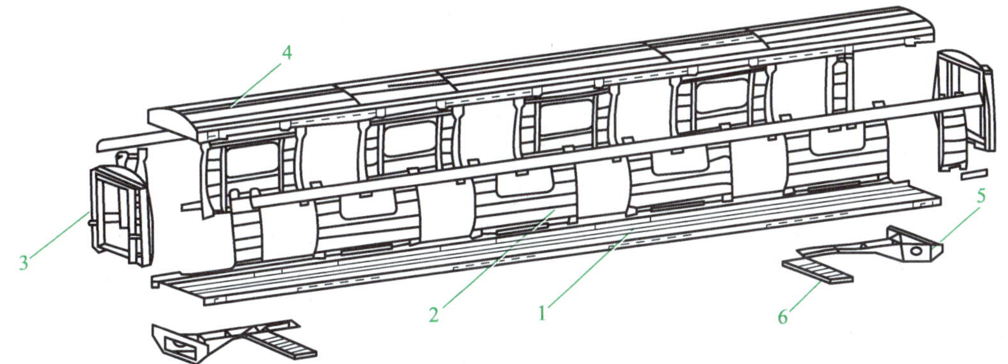

1—底架模块；2—侧墙模块；3—端部模块；4—车顶模块；5—牵引梁模块；6—整梁模块。

图 2-4　模块化结构车体

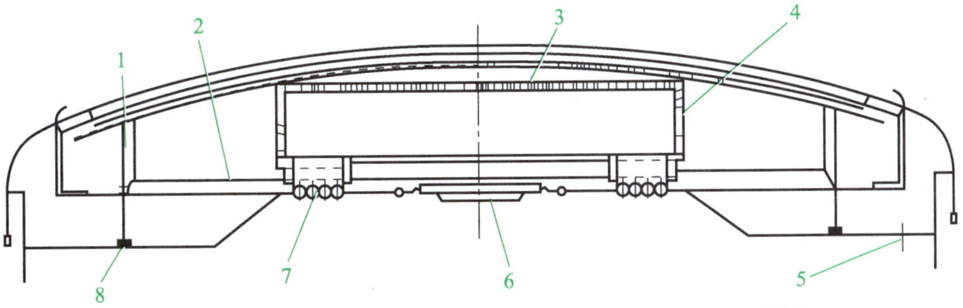

1—顶板吊梁；2—顶板横梁；3—空调风道；4—隔音、隔热材料；
5—内部装饰；6—灯带；7—出风口；8—顶板悬挂。

图 2-5　车顶模块的结构

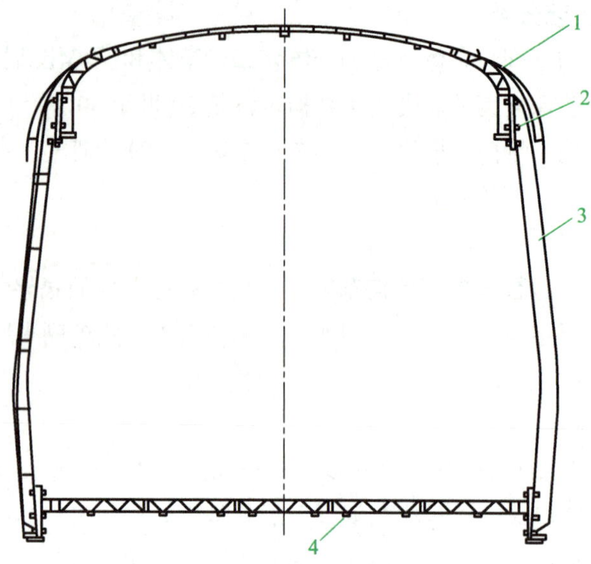

1—车顶模块；2—螺栓；3—侧墙模块；4—底架模块。

图 2-6　模块化结构车体断面图

模块化结构车体设计既有优点又有缺点，优点包括以下 4 个方面。

（1）易于优化组合。模块化技术可以满足用户对产品结构的多种选择，使产品适应不同地域、不同档次的要求，在最大程度上实现优化组合。

（2）装配过程简单，可大大提高效率。

（3）便于后续维修，容易实现车辆的技术改造和模块升级。

（4）各模块可以进行世界范围内的精细分工，有利于各模块系统的快速升级换代。

模块化结构车体的缺点是个别部件（如司机室框架）采用钢材制造，各部件之间又采用钢制螺栓连接，从而使车体自重比一体化结构车体稍重。

二、车体的基本特征

（1）车体结构多样，如有头车、中间车、动车、拖车等。

（2）由于城市轨道交通具有客流量大、乘客上下车频繁等特点，因此在制造城轨车辆时，一般车内设置的座位数少，车门数量多且开度大，内部服务设备简单。城轨车辆车内设备布置如图 2-7 所示。

（3）为了降低城轨线路建设的工程投资，要求城轨车辆，特别是高架轻轨车辆质量轻、轴重小。为使车辆轻量化，车体一般采用大型中空截面挤压铝型材、高强度复合材料或不锈钢。

（4）由于城市轨道交通人口密集，所以对车辆的防火要求很高，特别是地铁车辆，通常车体的结构采用防火设计，且材料必须经过阻燃处理。

（5）车辆应符合隔音和降噪的要求，最大限度地降低噪声对乘客和沿线居民的影响。

（6）车辆的外观造型和色彩必须考虑城市文化、环境美化，与城市景观相协调。

图 2-7 城轨车辆车内设备布置

小案例

武汉地铁 6 号线“鹦鹉绿”来了

2016 年 8 月 10 日，首列“武汉造”A 型地铁列车在江夏区正式下线，在轨道交通 6 号线上运行。该列车充分体现了浓郁的江城文化特色：外观呈现黄鹤楼“鹤”的神韵，展示武汉“和谐”之城的恢宏气度；流线型车身以“鹦鹉绿”为点缀，内饰以江河曲线展现城市的生机与活力，使“大江大河、大美武汉”的城市特点得以体现，如图 2-8 所示。

图 2-8 “武汉造”A 型地铁列车

三、车体的组成

车体一般由底架、侧墙、端墙和车顶 4 部分组成，如图 2-9 所示。

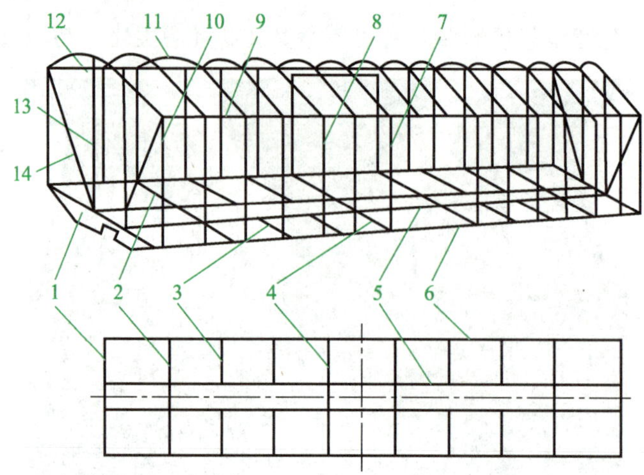

1—端梁；2—枕梁；3—小横梁；4—大横梁；5—中梁；6—侧梁；7—门柱；8—侧立柱；9—上侧梁；10—角柱；11—车顶弯梁；12—顶端弯梁；13—端立柱；14—端斜撑。

图 2-9 车体的一般结构

1. 底架

底架是车体结构和设施安装的基础，主要由端梁、枕梁、侧梁和中梁组成。为了吊挂设备或铺设地板，底架上还设有若干大、小横梁或纵向梁，可达到增强底架强度和刚度的目的。

（1）端梁是指底架两端的横向梁，其上固定有端墙，又称缓冲梁。

（2）枕梁是指转向架支撑处的横向梁。

（3）侧梁是指底架两侧边沿的纵向梁，其上固定有侧墙。

（4）中梁位于底架中部，断面较大并沿纵向中心线贯穿全车。

上述梁件构成了底架的一般结构，其中，枕梁和中梁承担的载荷最大，最为重要。

底架除了要承受上部车体和装载物的重量外，还要承受列车在运行时所引起的各种冲击力和其他外力，因此底架必须具有足够的强度和刚度，才能坚固耐用。

2. 侧墙

侧墙主要由杆件和墙板组成，可用于安装窗玻璃、车门、座椅等部件。

（1）杆件：与底架的侧梁连接在一起，包括侧立柱、上侧梁、门柱及其他辅助杆件。

（2）墙板：由钢板、不锈钢板或铝合金板制成，包括蒙皮和内饰板。

3. 端墙

端墙的结构除了与侧墙基本相同外，还设有端立柱、角柱等。列车相撞时，端墙可以防止客室受损，确保乘客安全。在设计端墙时，应充分考虑贯通道对车辆整体强度的减弱，对其做出必要的补充和加强。

4. 车顶

车顶主要由车顶弯梁、顶端弯梁和车顶板等组成，可用于装载受电弓、空调机组、排水装置等。

四、车体的结构形式

车体需要有足够的强度来承受自重、载重、牵引力、横向力、制动力等载荷及作用力，因此，根据车体承载方式的不同，车体一般有底架承载结构、侧壁承载结构和整体承载结构 3 种结构形式。

1．底架承载结构

底架承载结构又称自由承载结构，是指由底架承担全部载荷的车体结构。

2．侧壁承载结构

侧壁承载结构又称侧墙和底架共同承载结构，是指由底架、侧墙和端墙共同承担载荷的车体结构。

3．整体承载结构

整体承载结构是指由底架、侧墙、端墙和车顶共同承担载荷的车体结构。将底架、侧墙、端墙和车顶焊接成一个整体，形成开口或闭口的箱形结构（见图 2-10），此时车体各部分均参与承受载荷，从而使承重更加均匀。

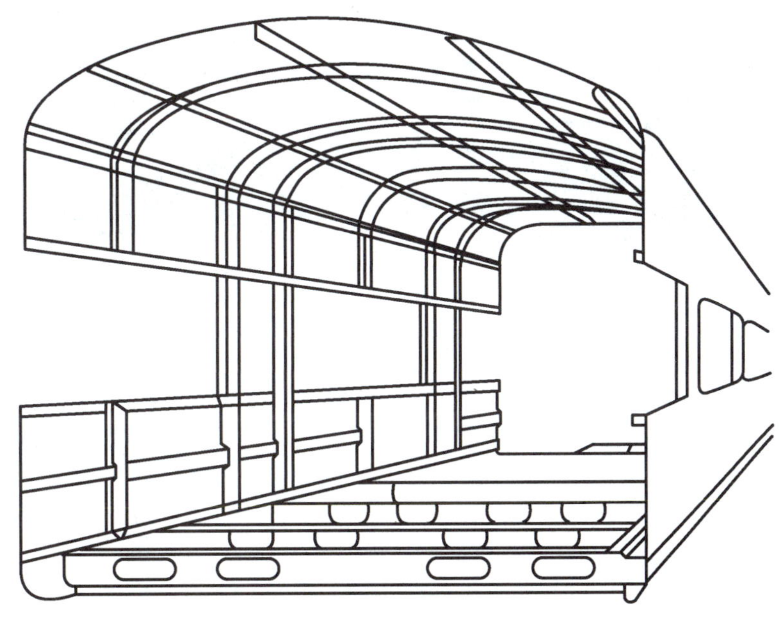

图 2-10　开口箱形结构

近代城市轨道交通均采用整体承载结构，可在满足强度和刚度要求的同时降低车辆自重。《地铁车辆通用技术条件》（GB/T 7928—2003）规定我国地铁车辆采用整体承载结构。

小提示

强度是指物体在外力作用下抵抗破坏（如永久变形和断裂）的能力。

刚度是指物体在外力作用下抵抗变形的能力。

五、车体的附属设施

1. 客室

客室内主要设有座椅、车窗、扶手和吊环等，如图 2-11 所示。

图 2-11　客　室

1）座椅

座椅一般有不锈钢座椅和玻璃钢座椅两种。为了适应城轨车辆短距离、大运量的特点，客室内的座椅一般沿车体侧墙纵向布置。另外，在北方的地铁车辆中，客室内的座椅下一般安装有电加热器。

2）车窗

每节车厢均设有若干车窗。

3）扶手和吊环

为了保证站立乘客的安全，客室内设有扶手和吊环。每节车厢的中心线处均匀设置了多根立柱扶手，在座椅的端板处也设有扶手，方便站立的乘客使用。

2. 司机室

司机室（仅头车有，见图 2-12）通过端门与客室相隔，非逃生等紧急情况下不允许乘客进入司机室。司机室内主要设有驾驶操纵台、电器柜、司机座椅、挡风玻璃、防爬器等。

图 2-12 司机室

1）驾驶操纵台

驾驶操纵台安装在司机室前部，供司机驾驶列车使用。驾驶操纵台上一般设置主控制手柄、方向手柄、广播开关、紧急停车按钮等重要操作元件。

2）电器柜

电器柜一般设置在司机室右后侧，用于列车的交、直流配电，牵引、制动控制等。

3）挡风玻璃

挡风玻璃由内层挡风玻璃、外层挡风玻璃等构成。玻璃内部有防飞溅层，可防止玻璃受到碰撞而飞溅颗粒；玻璃内还埋有电加热丝，在冬季可进行加热除霜。

4）防爬器

防爬器是安装在司机室端部的安全装置，如图 2-13 所示。防爬器边缘为齿形，其后设有吸能装置。若两列车发生碰撞，防爬器可以使其对中撞击，避免列车发生爬叠现象（见图 2-14），吸能装置也可有效吸收列车撞击时产生的能量，使车辆和乘客的损伤降到最低。

图 2-13 防爬器

图 2-14　列车相撞发生爬叠现象

班级：　　　　　　　　　　组员：

将全班学生进行分组，每4～6人为一组，利用本任务学到的知识，具体选定某种类型的城轨车辆，对其车体的类型、特点和结构进行分析，并做成分析报告。

参考案例

下面以苏州地铁1号线车辆（见图2-15）为例，分析其车体的类型、特点和结构。

图2-15　苏州地铁1号线车辆

苏州地铁1号线全长25.7 km，共24座车站，全部位于地下。应用于1号线的列车采用B型全焊铝合金车体。列车在设计时不仅充分考虑了苏州的人文、地理环境，还严格按照标准化、模块化、低噪声、高防火的要求进行。

车体结构为整体承载的大断面铝合金挤压型材的轻量化焊接结构。车体主要由一个底架、两个侧墙、两个端墙和一个车顶六大部件组成，各模块之间均采用焊接连接。

分析报告

任务二　不锈钢车体

任务引入

2016年2月26日，我国全自主化、自动化等级最高的全自动无人驾驶地铁列车（见图2-16）在中车青岛四方机车车辆股份有限公司（简称中车青岛四方）下线。该地铁列车是世界上自动化等级最高的地铁列车，满足IEC62290国际标准中的GOA4级（世界最高自动化等级）标准。与以往的常规地铁列车不同，它的最大特点就是具备无人驾驶功能，车辆从唤醒到自检、出库、停站、开关门、发车、回库、休眠、洗车等全过程由控制中心自动控制，无须司机参与，实现全自动运行。

图2-16　全自动无人驾驶地铁列车

该列车采用四节编组，B型不锈钢车体，运行时最高速度可达100 km/h。该列车除了设有全自动无人驾驶模式外，还设有人工手动驾驶模式和人工自动驾驶模式，这三种模式可自由切换，以满足多样化的运营需求。

思考：不锈钢车体的结构是怎样的？

一、不锈钢车体的发展概况

1. 国外不锈钢车体的发展

碳素钢车体耐腐蚀性差，它在大气环境下运行几年后就会被严重腐蚀，如图2-17所示。为此，美国巴德公司率先开始研制不锈钢车体，并于1934年首次在车体制造上采用不锈钢材料。随后，法国和加拿大也开始研制不锈钢车体。

图 2-17　被严重腐蚀的碳素钢车体

日本研制不锈钢车体稍晚于美国和加拿大。1950 年，日本开始在铁道车辆上使用不锈钢材料，但仅用于室内管道等处。1958 年，为了使车体外表面不用涂漆，日本开始在外墙板使用不锈钢材料，这种车体的制造一直延续至 1980 年。随着制造、焊接及材料加工技术的不断提高，日本于 1978 年开发研制出轻量化不锈钢车辆（所用材料为 SUS301L）。轻量化不锈钢车体的开发，使车体钢结构的重量降为碳钢车的 1/2，这标志着城轨车辆真正进入了不锈钢车辆时代。目前，日本不锈钢车辆的生产规模、制造工艺以及不锈钢原材料的开发已经走在了世界前列，其对不锈钢车辆的开发仍在继续。

韩国在 20 世纪 80 年代从日本引进了不锈钢车体制造技术。1995 年，韩进重工业公司生产了 250 辆客车，其中 80%是不锈钢车，其不锈钢车体制造技术也达到了一定的自动化水平，形成了生产效率较高的不锈钢结构生产线。

2．国内不锈钢车体的发展

我国地铁制造企业起步较晚，在 20 世纪 80 年代后期才开始使用不锈钢材料。1987 年，我国开始在普通铁路客车上使用不锈钢材料，主要用于外墙板及易腐蚀的梁柱；1996 年，与韩国韩进重工业公司合作开发出了点焊结构的不锈钢车体；2003 年首次大批量生产轻量化不锈钢车辆——天津滨海线不锈钢车辆，如图 2-18 所示。随着不锈钢车体轻量化设计取得显著成功，不锈钢车体越来越多地应用于城轨车辆，市场份额也快速增长。

图 2-18 天津滨海线不锈钢车辆

近年来，我国轨道交通制造业不断发展壮大，逐渐积极主动地参与到世界各地不锈钢地铁列车项目的竞标中。

（1）2008 年，中车长春轨道客车股份有限公司（简称长客股份）中标香港地铁港岛线一期工程的 A 型不锈钢地铁车辆项目，前后生产 22 列共 176 辆地铁车辆，并于 2013 年 9 月交付使用。

（2）2011 年 7 月，长客股份再次中标香港铁路有限公司 14 亿港元的 A 型不锈钢地铁车辆项目。

（3）2015 年 7 月，四方机车厂中标香港铁路有限公司 93 列共 744 辆地铁车辆项目。

（4）2016 年 3 月，四方机车厂中标美国芝加哥 846 辆、总计 13 亿美元的 7000 系列不锈钢地铁车辆项目，这是目前我国轨道交通装备企业向发达国家出口的最大单地铁车辆项目。

小案例

我国首列轻量化不锈钢 A 型地铁车辆在青岛下线

2012 年 12 月 8 日，我国首列轻量化不锈钢 A 型地铁车辆在南车青岛四方机车车辆股份有限公司（简称南车青岛四方）竣工下线，这是国内首次在 A 型地铁车辆上采用轻量化、无涂装不锈钢车体。

该车辆（见图 2-19）外形设计，时尚简约；不锈钢金属原色与北京 14 号线标志色——藕荷色的搭配，别致典雅；车头设计上融入了更多北京文化元素；内部渐变的绿色座椅配上金属质感的不锈钢扶手，相得益彰。该车辆还具有材质轻、耗能少、耐撞击等优点。

图 2-19　轻量化不锈钢 A 型地铁车辆

二、不锈钢车体的特点

因为不锈钢材料具有强度高、耐腐蚀性好、加工性好等诸多优点，所以不锈钢车体具有以下几点优势。

（1）寿命长。不锈钢车体在长期使用过程中基本不会发生严重腐蚀，其使用寿命大大延长。

（2）维修费用降低。不锈钢车体具有良好的耐腐蚀性能，可省去车体外板的涂装工序，大幅减少维修费用。

（3）不锈钢车体价格低廉。

拓展阅读

不锈钢是一种含铬、镍的高合金钢。不锈钢有很多类型，地铁车辆专用的不锈钢为奥氏体不锈钢，通常为 SUS304 和 SUS301L（L 表示低碳）。二者化学成分的不同（见表 2-2）决定了其不同的机械性能（见表 2-3）。地铁车辆专用不锈钢一般依据材料的屈服强度、抗拉强度及延伸率划分为不同的等级。其中，SUS304 主要用于车厢内部的配件和强度要求不高的部件，而 SUS301L 主要用于车体框架和其他高强度的结构件。

表 2-2　SUS304 和 SUS301L 的化学成分　　单位：%

材料	各元素的含量							
	C	Si	Mn	Ni	Cr	P	S	N
SUS304	< 0.08	< 1	< 2	8～10.5	18～20	< 0.045	< 0.03	—
SUS301L	< 0.03	< 1	< 2	6～8	16～18	< 0.045	< 0.03	< 0.2

表 2-3　SUS304 和 SUS301L 的机械性能

材料	强度等级	屈服强度/（N·mm^{-2}）	抗拉强度/（N·mm^{-2}）	延伸率/%
SUS304		≥205	≥520	≥40
SUS301L	SUS301L-LT	≥215	≥550	≥45
	SUS301L-DLT	≥345	≥690	≥40
	SUS301L-ST	≥410	≥760	≥35
	SUS301L-MT	≥480	≥820	≥25
	SUS301L-HT	≥685	≥930	≥20

三、不锈钢车体的组成

下面以天津滨海线车辆的不锈钢车体为例，分析不锈钢车体的组成。

天津滨海线车辆的不锈钢车体呈鼓形，整车除底架端部采用碳钢材料外，其余各部位均采用 SUS301L 高强度不锈钢材料。该不锈钢车体主要由底架、侧墙、端墙、车顶等组成，各部件通过焊接方式形成完整的不锈钢骨架结构。

1．底架

底架的碳素钢部件与不锈钢部件通过塞焊方式连接，横梁与侧梁通过过渡连接板实现点焊连接。侧梁采用 SUS301L-HT 材料以提高底架的整体强度和刚度。

2．侧墙

侧墙选用了塞拉门、连续窗结构。一扇连续窗全长 4 070 mm，在此范围内，侧墙钢结构必须便于车窗的安装和固定；同时工艺性要好，必须可实现点焊。设计中，将窗间有玻璃通过的侧立柱压出凹形，再通过窗带过渡与窗框相连接。为便于加工，压出凹形的侧立柱采用强度较高的 SUS301L-ST 材料，同时为保证该处强度，在其背面加一根补强梁。为保证窗口及侧墙的平面度，窗口周围所有梁柱、补强部分均为点焊结构。

为消除门角应力集中问题，采用在门口外围加过渡圆弧、在门角内加门角补强铁等方法。上述方法还可以用来增加车体的刚度和强度。

3．端墙

端墙的板、梁通过点焊方式连接。

4．车顶

车顶由波纹顶板、车顶弯梁、车顶边梁（车顶侧梁）、侧顶板、空调机组平台等组成。车顶采用波纹顶板无纵向梁结构，顶板间搭接采用焊缝连接，并与车顶弯梁点焊在一起。空调机组平台由纵梁、弯梁、顶板点焊组成部件，再与顶板通过点焊及塞焊组成一体。

由于车顶是无纵梁结构，波纹顶板需要传递车体纵向力，所以波纹顶板应选择强度很高的 SUS301L-MT 材料，厚度为 0.6 mm。

车顶弯梁采用 SUS301L-ST 材料，厚度为 1.5 mm。

车顶边梁是车顶和整车的主要承载部件，所以选用强度最高的 SUS301L-HT 材料，厚度为 1.5 mm。

地铁播报

点焊也称电阻焊，是指焊接时利用柱状电极，在两块搭接工件接触面之间形成焊点的焊接方法。点焊时，先加压使工件紧密接触，随后接通电流，在电阻热的作用下工件接触处熔化，冷却后形成焊点。

塞焊是指先将两块板上下排连，再用熔化焊的方式将两块板焊接在一起的焊接方法。

电弧焊是指以电弧作为热源，利用空气放电的物理现象，将电能转换为焊接所需的热能和机械能，从而将金属连接起来的焊接方法。

四、不锈钢车体在设计和制造中的注意事项

不锈钢车体虽有许多优点，但其在设计和制造中尚有许多需要注意的问题，下面主要从不锈钢材料的选择和不锈钢车体焊接两方面进行介绍。

1. 不锈钢材料的选择

由于车体的不同部位有不同的强度要求，故可根据车体不同部位的强度要求来选择合适的不锈钢材料，这既能满足经济性的要求，也能满足车辆性能的要求。不同强度等级的不锈钢材料具有不同的特点，如表 2-4 所示。

表 2-4　不同强度等级的不锈钢材料的特点

材料	强度等级	特点
SUS304		强度较低，常用于非承载结构件
SUS301L	SUS301L-LT	强度一般，常用于强度要求不高的部件、延伸率要求高的拉延件、焊接加工较多的部件等，如螺栓座、横梁等
	SUS301L-DLT	延伸率较高，压延精度特别是表面状态良好，平面度高，常用于外板等对平面度要求高的零件
	SUS301L-ST	强度和延伸率较高，拉伸性良好，常用于车顶弯梁、侧立柱、端立柱等处
	SUS301L-MT	强度很高，不易产生塑性变形，常用于车顶波纹板、波纹地板等
	SUS301L-HT	强度最大，常用于底架边梁、侧立柱等处

2. 不锈钢车体焊接

由于不锈钢导热系数低，热膨胀系数高，即不锈钢散热慢而变形大，不利于对构件尺寸及形状的控制，但其电阻大，所以不锈钢的焊接常采用点焊。当受到设备、工序等方面的限制而无法实现点焊时，可采用塞焊来减小热影响区。

在轻量化不锈钢车体中，几乎所有的零部件都是通过点焊连接的，所以焊点的质量将直接影响车体钢结构的质量。为此，在每次焊接作业前均需要进行点焊拉伸试验和切片试验，检验合格后再按照试验的焊接规范进行焊接作业。

班级：　　　　　　　　组员：

将全班学生进行分组，每4～6人为一组，利用本任务学到的知识，具体选定某种类型的城轨车辆，对其车体的类型、特点和结构进行分析，并做成分析报告。

参考案例

下面以北京地铁房山线不锈钢车辆（见图 2-20）为例，分析其车体的类型、特点和结构。

图 2-20　北京地铁房山线不锈钢车辆

北京地铁房山线不锈钢车辆的车体主要由底架、侧墙、端墙、车顶等组成，各大部件的总装配均采用焊接方式连接。车体结构主要采用高强度的不锈钢薄板，车顶波纹板和底架波纹板厚度为 0.6 mm，外墙板厚度为 1.5 mm，立柱、弯梁等厚度为 1～1.5 mm。在车体钢结构的薄弱部位，通过局部补强来降低应力及提高薄板的稳定性。车体的焊接主要采用点焊；由于结构原因不能点焊的，优先考虑塞焊；基于局部强度、考虑密封又不会影响表面状态的，采用电弧焊。

1．底架

该车底架结构包括牵引梁、枕梁、边梁、端梁等。底架为无中梁结构，端部底架为双层结构，内层为高耐候钢，两侧为 2 根不锈钢边梁，内外边梁之间采用焊接和密封胶密闭，以减少电化学腐蚀，从而确保 30 年内车体结构无须维修。端梁为不锈钢，在边梁之间布置不锈钢主横梁，底架上面铺设厚度为 0.6 mm 的不锈钢波纹板。在首尾车底架设有防爬装置。

2．侧墙

侧墙板在纵向上分为上、中、下 3 块，材料均为 SUS301L-DLT，墙板间采用搭接方式。梁柱与外墙板点焊后形成箱形结构，梁柱材料为 SUS301L-ST。门角和窗角采用 SUS301L-HT 连接板进行补强。

3．端墙

端墙由端墙板、门口框架、下边梁、门立柱、端角柱及其他梁柱组成。除门口框架采用电弧焊外，其余均采用点焊。

4．车顶

车顶由 2 根边梁和车顶弯梁点焊在一起，形成桁架结构，然后在桁架上铺设侧顶板和波纹板。车顶设有雨水及空调冷凝水引导装置。空调机组安装在车顶机组平台上。

分析报告

任务三 铝合金车体

任务引入

2015 年 11 月 6 日，首台“成都制造”的 A 型铝合金地铁车体（见图 2-21）在成都北车有限公司正式下线，标志着该公司已经具备了批量生产 A 型铝合金地铁车体的能力，四川轨道交通产业链得到了进一步提升。

图 2-21 A 型铝合金地铁车体

在欧洲城轨车辆市场中，铝合金车体占据了 70%的市场份额；在日本城轨车辆市场中，不锈钢车体和铝合金车体各占据了 50%的市场份额。随着环保意识逐渐深入人心，重量轻、速度高、节能环保的铝合金车辆将越来越多地奔驰在各条地铁线路上。

思考：铝合金车体的结构是怎样的？

一、铝合金车体的发展概况

1. 国外铝合金车体的发展

1952 年，铝合金车体在英国伦敦地铁上首次使用。1954 年，加拿大多伦多也制造了铝合金车体地铁车辆。20 世纪 60 年代以来，德国科隆、波恩的市郊电动车组也相继实现了车体铝合金化。1962 年，日本的山阳 2000 系列车开始采用铝合金车体。20 世纪 90 年代后，意大利米兰、奥地利维也纳及新加坡地铁都采用了铝合金车体。目前，铝合金车体制造技术已经逐步成熟，并能进行批量生产。

2. 国内铝合金车体的发展

我国开发铝合金车体较晚，初期也只是模拟国外的结构和工艺。1989 年，长春客车厂参照日本的模式开发了首辆铝合金地铁车体。该车体在设计上采用板梁结构，由于其制造工艺烦琐、平整度差、成本高，因此没有在市场上大规模推广使用。1996 年，铁道部组织人力、物力，采用德国进口材料，用简易自动焊设备和自制窗口机加设备成功制造出了中国第一台混合结构铝合金车体——ICE2 型结构铝合金车体。

在经过了几十年的发展后，我国生产的铝合金车体（见图 2-22）已广泛用于天津、上海、广州、深圳、武汉、南京和重庆等地的城轨车辆中。预计未来，国内城轨车辆对铝合金车体的需求量还会不断增加。

图 2-22　铝合金车体

二、铝合金车体的特点

铝合金是以铝为基础，加入一种或几种其他合金化元素构成的合金。铝合金材料因具有密度小、强度高、耐蚀性好及可塑性好等优点（见表 2-5），被广泛地应用于地铁车辆中。

表 2-5　铝合金材料的主要优点

优点	具体表现
密度小	铝合金的比重只相当于钢的 1/3
强度高	纯铝的抗拉强度约为 80 MPa，是低碳钢的 1/5。但经过热处理强化及合金化强化后，其强度会大幅增加。例如，铝合金车体常用的材质为 6005A-T6，它的最低抗拉强度为 360 MPa，能达到低碳钢相应的强度值
耐蚀性好	由于铝合金表面易氧化形成一层致密的氧化膜，这层膜能防止腐蚀，因此铝合金的耐蚀性好，可以延长车辆的使用寿命
可塑性好	可加工成各种规格的产品
环保性好	铝合金的熔点低（660℃），易于回收重熔使用，为目前最环保的金属材料

由于铝合金材料具有很多优点，因此铝合金车体在很多方面与不锈钢车体相比具有很大优势，具体如下。

（1）铝合金车体能大幅降低车辆自重，实现车体轻量化。例如，在车体长度相同的情况下，铝合金车体的自重最大可减轻 50%。

想一想

为什么人们在选取车体材料时越来越追求轻量化呢？

提示：可以从经济性和效益性等方面回答。

（2）因为铝合金具有较小的弹性模量（约为不锈钢的 1/3），所以铝合金对冲击载荷具有较高的吸收能力，可降低振动，减少噪声，改善乘客的乘车体验。

（3）铝合金车体气密性好，能减少气体从车体缝隙进入车厢，可提高车辆的保温和隔热性能，提高乘客的乘坐舒适性。

（4）减少维修费用，延长使用寿命。

目前，用于地铁车体的铝合金材料主要是 Al-Mg 系（5000 系）、Al～Mg～Si 系（6000 系）和 Al-Zn-Mg 系（7000 系），其特性及用途如表 2-6 所示。

表 2-6　用于地铁车体的铝合金材料的特性及用途

种类	特性	用途
5000 系	挤压性能较差，强度较高。代表合金有 5052、5083 和 5N01 等	常用于车内装饰材料
6000 系	挤压性能好，可挤压较复杂的断面形状；焊接性好；强度中等。代表合金有 6005A、6061、6063 和 6N01 等	常用于底架侧梁、地板、车顶板和侧墙等部位
7000 系	挤压性能比 5000 系好，防腐性和焊接性较差，强度较高。代表合金有 7005A、7002、7178、7N01 和 7003 等	一般用于底架牵枕缓，车体的受力构件等

拓展阅读

因为铝合金车体容易产生变形，所以在日常架车检修工作中应注意使用合适的顶车位置。为此，制造商指定了顶车位置，并在车体外下沿做了顶车标记“▲”，如图 2-23 所示。

图 2-23　顶车标记

铝合金车体检修时应按不同的修程规定顶车位置，顶车位置如图 2-24 所示。

（1）整车架车（带转向架）的顶车位置：3、4、5、6。

（2）无转向架架车的顶车位置：1、2、7、8，或 1、2、5、6，或 3、4、7、8，或 3、4、5、6。

（3）三点架车的顶车位置：1、2、10，或 3、4、10，或 7、8、9，或 5、6、9。

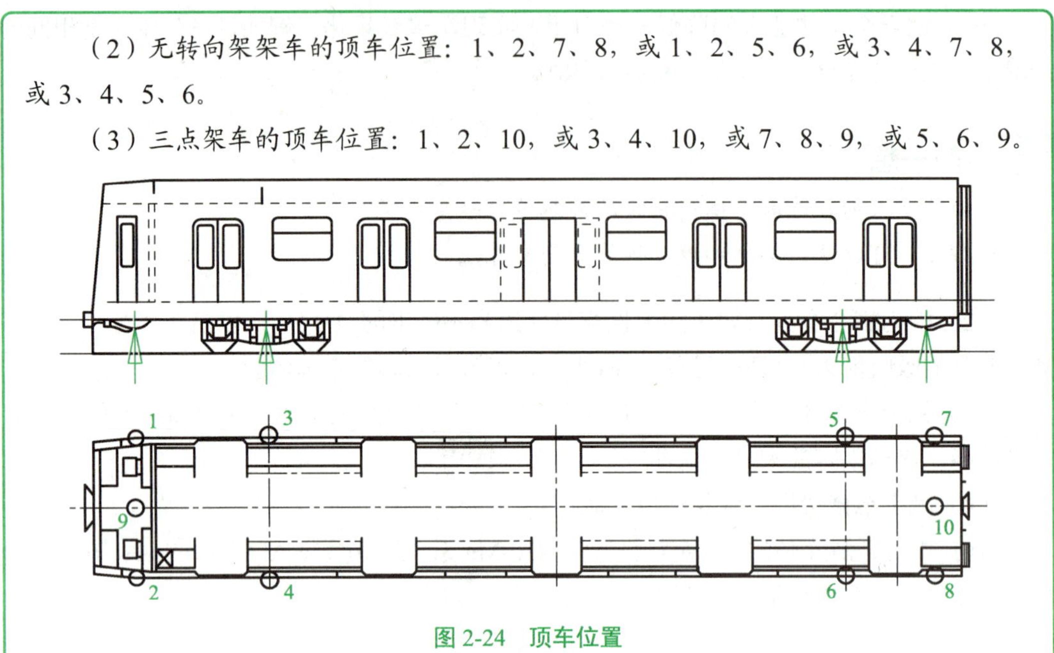

图 2-24　顶车位置

三、铝合金车体的组成

铝合金车体的发展经历了**板梁型材期**、**开口型材期**和**大型桁架中空型材期**三个阶段，现在正逐渐走向成熟。

（1）**板梁型材期：**车体由铝板和实心型材制成，铝板和型材通过铝制铆钉铆接或焊接。

（2）**开口型材期：**车体采用整体承载结构，这种结构主要依赖于大型开口型材的组合。

（3）**大型桁架中空型材期：**车体由大型桁架中空型材构成，其平行放置并在车体纵向上延伸，通过自动连续焊进行连接。这种车体机械性能极好，可最大限度地减少车体构件的种类和数量，使车体结构变得简单。

铝合金车体的组成

由大型桁架中空型材构成的车体无论是在设计上还是在生产制造上都具有很大的优势，不但有利于生产工艺的自动化，还为车体的检修带来了诸多便利。

下面以广州地铁 3 号线车辆的铝合金车体为例，分析铝合金车体的组成。

广州地铁 3 号线车辆的铝合金车体主要由底架、侧墙、端墙、车顶等组成，各部件通过焊接方式形成完整的铝合金骨架结构。

1. 底架

底架（见图 2-25）为大型挤压型材，主要由牵枕缓、边梁、横梁、端梁及地板等组成，型材结构断面复杂，型材之间采用自动焊接方式连接。地板内部填充具有减振效果的树脂材料，型材底面喷涂具有隔声效果的阻尼浆。牵枕缓由于需要较高的强度，采用牌号为

7005A 的铝合金材料，底架其他部分采用牌号为 6005A 的铝合金材料。

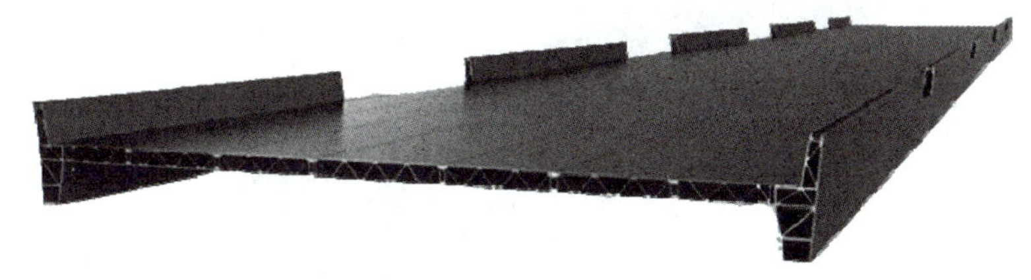

图 2-25　底　架

2．侧墙

侧墙（见图 2-26）采用分块结构，先用 4 种挤压型材焊成整体后，再用短柱焊出其门立柱并切割出车窗。车顶侧梁与底架边梁通过侧墙连接，使得车体成为强大的垂向承载整体结构。侧墙纵向挤压型材的对接接头采用 MIG 自动焊接，以保证工艺的稳定性和产品质量的可靠性。

3．端墙

端墙（见图 2-27）采用板梁结构，以左、右对称的墙板为基础，由横向梁连接。板梁结构一般采用 12 mm 厚的铝合金板和型材框。端墙板内竖向板梁式立柱采用了中空挤压型材。

图 2-26　侧　墙　　　　图 2-27　端　墙

4．车顶

车顶（见图 2-28）为自承载结构，由具有足够刚度的中空挤压型材插接而成。型材内侧表面设有安装内顶、风道等的 C 形槽。边梁采用大型挤压型材，中间采用开口铝合金宽幅挤压型材。

因车顶需要安装空调或受电弓，M 车和 Tc 车 1、2 位端车顶均装有空调机组平台。弧形车顶和空调机组平台采用自动连续焊工艺，以满足车顶的密封性要求。

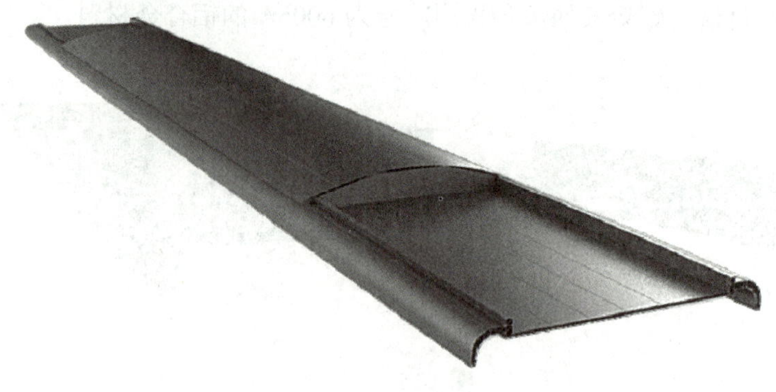

图 2-28 车 顶

四、铝合金车体在设计和制造中的注意事项

铝合金车体虽有许多优点，但在设计和制造中尚有许多需要注意的问题，下面主要从**铝合金材料的选择**和**铝合金车体的组装**两方面进行介绍。

1. 铝合金材料的选择

由于铝合金车体多为焊接结构，因此要求铝合金材料应具有良好的焊接性能。此外，还要求铝合金材料的抗腐能力强、应力集中敏感度低、焊接接头处的抗脆断能力和抗疲劳能力高。

对于大型挤压型材车体的受力结构件，建议选用 6005A 铝合金材料，板材建议采用 5083 铝合金材料。

2. 铝合金车体的组装

铝合金车体结构件的连接方式主要有两种：一是采用焊接方式连接，二是采用螺栓连接或者铆接。由于铝合金的焊接工艺相对钢结构而言复杂一些，如果焊接过程控制不好，则容易产生较大的应力与变形等，因此铝合金车体对焊接工艺要求相对较高。

活页清单 2.3

班级：　　　　　　　　组员：

将全班学生进行分组，每4～6人为一组，利用本任务学到的知识，具体选定某种类型的城轨车辆，对其车体的类型、特点和结构进行分析，并做成分析报告。

参考案例

下面以武汉地铁1号线铝合金车辆（见图2-29）为例，分析其车体的类型、特点和结构。

图2-29　武汉地铁1号线铝合金车辆

武汉地铁1号线铝合金车辆的车体采用B型车，主要由底架、侧墙、端墙和车顶等组成，采用焊接方式连接。

1．底架

底架采用大断面铝合金挤压型材焊接结构，由边梁、缓冲梁、枕梁等组成，其中Tc车司机室端部底架设置板梁结构，并加装防爬器，可满足司机室端部底架吸收高冲击能量的要求。底架还设有顶车、架车、复轨用垫座，可用于拆卸、组装、修理、装运及救援等操作。空气簧座用螺套和螺钉固定在枕梁上。底架下的平面滑槽供车下设备吊装使用。

2．侧墙

侧墙采用分块结构，每车侧墙分为10块，每块侧墙由7块或8块铝型材组焊成形。各铝型材之间采用V形坡口自动焊工艺，材料采用6005A T6。车体采用鼓形，侧墙鼓形圆弧的半径为1 002 mm。侧墙内墙板采用进口聚酯玻璃钢材料，厚度为4 mm，表面为光面，呈白色，使用寿命不小于15年。

3．端墙

端墙采用板梁结构，由 12 mm 厚的铝板和 60 mm×120 mm 的型材框组焊而成，材料采用的是 6005A T6。

4．车顶

车顶采用铝合金型材焊接结构，圆弧顶是由 4 种 7 块型材插接组成的，空调机组平台也是由 4 种 7 块型材插接组成的，圆弧顶由圆弧及切线段构成，圆弧半径为 2 975 mm，车顶边梁的圆弧半径为 180 mm。车顶和空调机组平台组成的各型材之间采用 V 形坡口自动焊工艺，材料采用 6005A T6。M 车和 Tc 车的 1、2 位端均有空调机组平台。

分析报告

活页作业 2

班级：　　　　　　　　姓名：　　　　　　　　学号：

1. 填空题

（1）______________是指先制造车体的底架、侧墙、端墙和车顶等部件，然后再整体焊接而成的车体；______________是指将整个车体分成若干个模块分别生产，最终拼接而成的车体。

（2）______________是指由底架、侧墙、端墙和车顶共同承担载荷的车体结构。

（3）______________是指位于底架中部，断面较大并沿纵向中心线贯穿全车的构件。

（4）侧墙主要由______________和______________组成，可用于安装窗玻璃、车门、座椅等部件。

（5）车顶主要由______________、______________和车顶板组成，可用于装载受电弓、空调设备、排水装置等。

（6）客室内主要设有________________、车窗、扶手和________________等。

（7）司机室主要设有________________、电器柜、司机座椅、________________、________________等。

（8）地铁车辆采用的不锈钢材料主要依据材料的______________、______________及________________划分为不同的等级。

（9）铝合金材料因具有________________、________________、________________及________________等优点，被广泛地应用于地铁车辆中。

（10）铝合金车体的发展经历了____________________、______________________和______________________三个阶段，现在正逐渐走向成熟。

2. 判断题

（1）按车体尺寸的不同，车体可分为 A 型车车体、B 型车车体、C 型车车体。（　　）

（2）模块化技术可以满足用户对产品结构的多种选择，使产品适应不同地域、不同档次的要求，在最大程度上实现优化组合。（　　）

（3）根据车体承载方式的不同，车体一般有底架承载结构、侧壁承载结构和整体承载结构 3 种结构形式。（　　）

（4）不锈钢车体具有耐腐蚀性好、不用修补、使用寿命长等优点。（　　）

（5）铝合金车体结构主要是采用焊接方式连接，或采用螺栓连接或者铆接，焊接工艺简单。（　　）

3. 简答题

（1）简述车体的作用和分类。

（2）什么是模块化结构车体？有何优缺点？

（3）车体的承载方式有哪些？

（4）试述不锈钢车体的特点和组成。

（5）试述铝合金车体的特点和组成。

项目三
城轨车辆车门

① 项目导读

城轨车辆车门是使用率和故障率最高的设备，直接关系到列车正常运营和乘客安全。随着城市轨道交通的发展，城轨车辆的车门类型多种多样，且具有各自的特点和作用，本项目将对此进行详细介绍。

② 知识目标

（1）了解客室车门的设计要求。
（2）掌握客室车门的类型、组成及功能。
（3）掌握客室车门的故障处理方法。
（4）掌握逃生门的类型及组成。
（5）掌握司机室侧门和间隔门的组成。

③ 能力目标

（1）能够判断客室车门的类型，并能分析其组成。
（2）能够正确处理客室车门故障。
（3）能够分析逃生门、司机室侧门及间隔门的组成。
（4）能够在紧急情况下操作逃生门。

④ 素质目标

城轨车辆车门是乘客安全乘车的通道，直接关系乘客的安全，密切联系乘客的出行体验。在学习过程中，要树立风险意识，认识到减少列车故障、提升列车运营效率、保障乘客安全的重要性。

任务一 客室车门

乘坐地铁时，我们经常通过客室车门上下车。那么，你知道客室车门的开关是如何操作的吗？

一、客室车门的设计要求

根据城市轨道交通客流量大、乘客上下车频繁的特点，城轨车辆客室车门应满足以下几点要求。

（1）要有足够的宽度（一般为 1 300～1 400 mm）。

（2）要均匀分布，以便站台乘客分布均匀。

（3）要有足够的数量（一般每节车厢有 4～5 对），以便乘客快速上下车。

（4）附近要有足够的空间，以便乘客上下车时周转。

（5）要有较高的可靠性，以保证车辆正常运行及乘客安全。

小案例

广州地铁 1 号线列车客室车门由两扇内藏式滑动门组成，以压缩空气为动力驱动单臂气缸，通过钢丝绳、滑轮等组成的机械传动机构完成车门的开关动作。每节车厢每侧有 5 对车门，全列车共 60 对车门，这有利于乘客迅速上下车，缩短车辆停站时间，达到地铁方便、快捷的要求。表 3-1 为车门的主要技术参数。

表 3-1　车门的主要技术参数

技术参数	参数值
车门宽度	1 400 mm
车门高度	1 860 mm
供风压力	5 bar
供电电压	DC 110 V
开关门时间	(3 ± 0.5) s
开关门时间调整范围	1.5～4.5 s

二、客室车门的类型

1．按驱动方式分类

按驱动方式的不同，客室车门可分为气动式车门和电动式车门。

1）气动式车门

气动式车门（见图 3-1）通过机械传动系统和电气控制系统来完成车门的开关动作，其动力来源是气缸。

（1）机械传动系统：将气缸活塞杆的运动传递至车门，使车门运动。

（2）电气控制系统：包括气动门控制、再开门控制、车门动作监视等，主要是为了保证车门动作的准确可靠和行车安全。

图 3-1　气动式车门

2）电动式车门

电动式车门由电动机、传动装置、控制器、闭锁装置和紧急开门装置等组成，其动力来源是电动机。电动式车门有皮带传动和丝杠传动两种传动形式，如图 3-2 所示。

与气动式车门相比，电动式车门具有易于控制、故障率低、维修量少等特点，正越来越多地被应用到城轨车辆中。

（a）皮带传动

（b）丝杠传动

图 3-2　电动式车门的传动形式

2．按打开方式分类

按打开方式的不同，客室车门可分为内藏门、外挂门和塞拉门。

1）内藏门

内藏门是内藏式滑动门的简称，是指一种在车辆侧墙的外墙板与内护板之间移动的车门，如图 3-3 所示。

图 3-3　内藏门

内藏门的传动系统设在车厢内侧的车门顶部，由气缸或电动机作为动力来源，通过传动机构钢丝绳、皮带或丝杠来带动门扇在导轨上移动，从而实现车门的反复开关。由于内藏门活动时需要的空间较小，所以国内地铁多数都是采用这种车门。

2）外挂门

外挂门是外挂式移动门的简称，是指一种门扇和导轨均设置在车辆外侧的车门，如图 3-4 所示。外挂门的工作原理与内藏门基本相同，唯一不同的是，外挂门的门扇是在车体侧墙的外部导轨上移动的，而内藏门的门扇是在车体侧墙的夹层中移动的。

图 3-4　外挂门

3）塞拉门

塞拉门是指一种门扇在打开时贴靠在车体外墙、关闭时与外墙成同一平面的车门，如图 3-5 所示。塞拉门还可分为内塞拉门和外塞拉门，二者分别从车内和车外塞入门口处。日本常采用内塞拉门，欧美国家大多采用外塞拉门，我国目前采用的也是外塞拉门。

（a）车门打开状态

（b）车门关闭状态

图 3-5　塞拉门

塞拉门因在运动过程中具有塞和拉的动作而得名，它不仅使车辆外表美观，而且有利于减少车辆高速行驶时的空气阻力和噪声。表 3-2 为上述三种客室车门的性能比较。

表 3-2　三种客室车门的性能比较

性能特点	内藏门	外挂门	塞拉门
密封性	密封性好	密封性好	密封性好，但关门时容易过压
可靠性	结构简单，运行可靠性好	结构简单，运行可靠性好	结构复杂，运行可靠性差
运行阻力	运行阻力大	运行阻力大	运行阻力小

想一想

我们经常选择地铁出行，想一想你所熟悉的地铁车辆采用的是上述哪种类型的客室车门？

三、客室车门的组成

虽然不同类型的客室车门组成略有不同，但其基本组成是一致的。客室车门主要由**门叶**、**悬挂及导向装置**、**驱动装置**、**紧急解锁装置**、**门切除装置**、**电子门控单元**、**端子排**、**警示灯及蜂鸣器**（图中未画出）等组成，如图 3-6 所示。

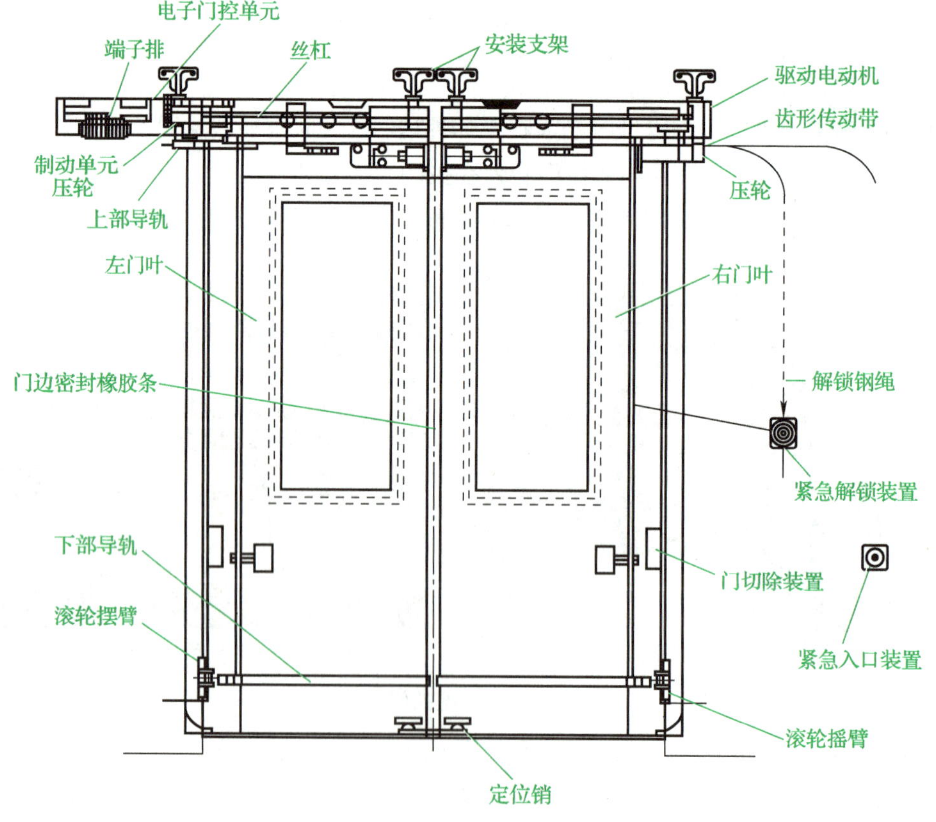

图 3-6　客室车门的组成

1．门叶

门叶为铝蜂窝复合结构，包括铝框架、铝蒙板、铝蜂窝芯、玻璃窗及密封橡胶条等。其中，铝蒙板的周边都包在铝框架上，以加强车门的机械强度。门叶上半部装有与其外表面齐平的透明玻璃。门叶周边装有密封橡胶条，起到密封和防夹的作用。

2．悬挂及导向装置

悬挂及导向装置由携门架、横向导柱、纵向导柱及导轨等组成。该装置主要用于机构部件与车体的连接，并承载左、右门叶及相应导向、驱动机构。

3．驱动装置

车门主要是通过电动机驱动丝杠（双叶门的丝杠一半为左旋，另一半为右旋）来实现开关门动作的。丝杠螺母与门叶相连，门叶通过携门架实现运动。

4．紧急解锁装置

1）内部紧急解锁装置

列车内侧墙装有紧急解锁装置，以便列车内乘客在紧急情况下通过旋转（或拉下）手柄（见图 3-7）及时、迅速地打开车门。

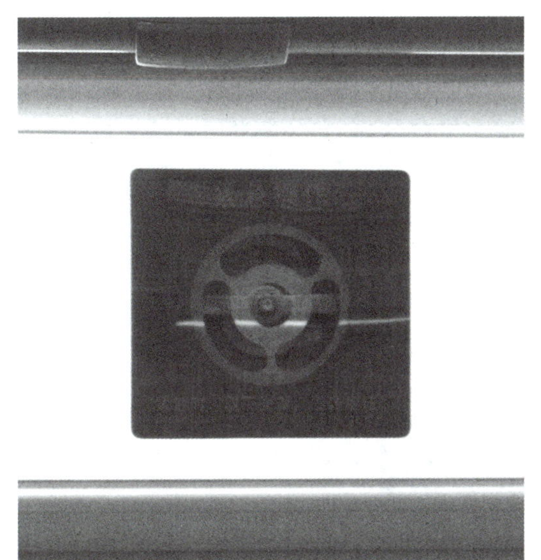

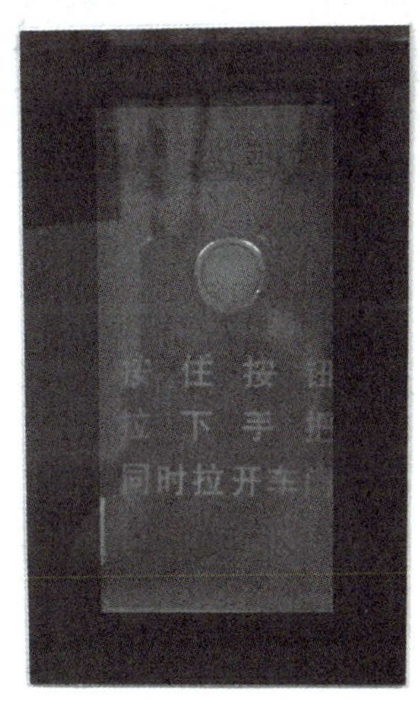

图 3-7　手　柄

内部紧急解锁装置由手柄、钢丝绳、滑轮等组成，如图 3-8 所示。手柄与钢丝绳连接，旋转（或拉下）手柄时，会拉动钢丝绳，门锁就会被释放。

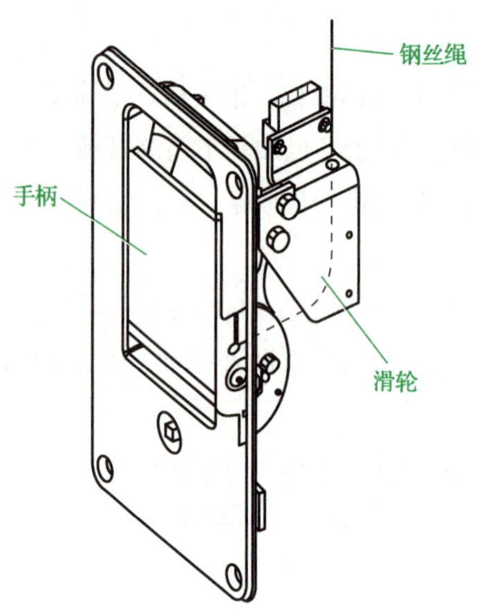

图 3-8　内部紧急解锁装置

地铁播报

手柄旋转（或拉下）后，必须用钥匙将手柄恢复到原来的位置。在手柄没有复位的情况下，不能强行关闭车门。

2）外部紧急解锁装置

每辆车指定车门的外侧装有紧急解锁装置，可用方孔钥匙操作，如图 3-9 所示。

图 3-9　外部紧急解锁装置

5. 门切除装置

当车门发生故障时，需要将故障车门锁定、将电路从车门控制系统中隔离，车门不再接收开关门指令，以确保列车安全运营。因此，每一车门上均安装有门切除装置，它由凸轮、行程开关及定位螺钉等组成，如图 3-10 所示。

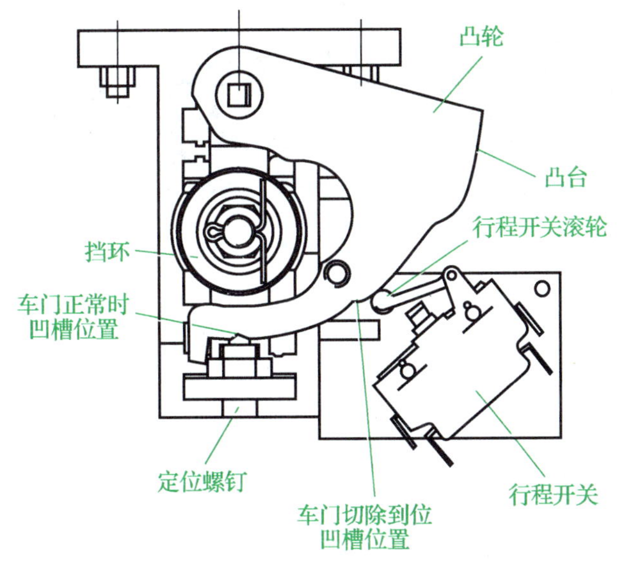

图 3-10　门切除装置

门切除装置的工作原理：门切除时，凸轮卡在挡环后面，车门机械锁定，同时行程开关被凸轮压下，使车门的电路从车门控制系统中断开，车门从电路中隔离。

6. 电子门控单元

电子门控单元（electronic door control unit，简称 EDCU）是车门的核心控制单元，包括操作指示单元、门机控制器、电源模块及连接线束等。EDCU 不仅可以接收司机室控制单元的控制命令，还能实时监测车门状态和故障信息。

7. 端子排

端子排主要用于车门的配线连接，如车门系统内部的电气连接、列车线连接等。

8. 警示灯及蜂鸣器

在每扇车门内侧的上方一般安装有两个警示灯，如图 3-11 所示。一个是橙黄色的车门开关状态警示灯。车门关闭时，此灯不亮；车门打开时，此灯亮起；在车门即将关闭或打开时，此灯发出闪烁警示。另一个是红色的车门切除警示灯。若此灯亮起，则说明该车门已被切除，不能进行操作。

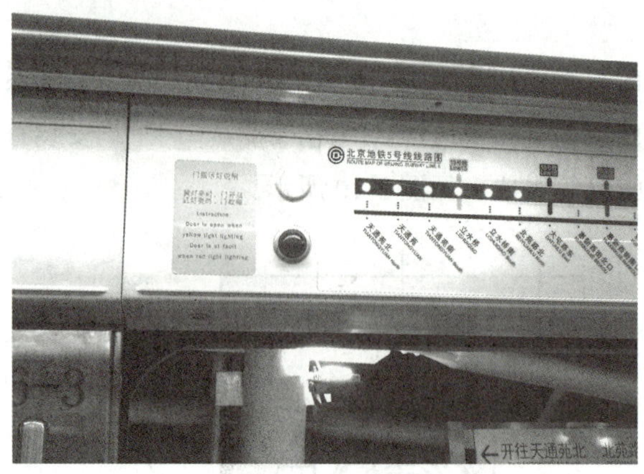

图 3-11　警示灯

在每个客室侧门的上方均装有一个蜂鸣器，如图 3-12 所示。当蜂鸣器鸣响时，表示关门指令已发出，车门即将关闭或正在关闭的过程中。在车门全部关好并锁闭后，蜂鸣器停止鸣响。

（a）

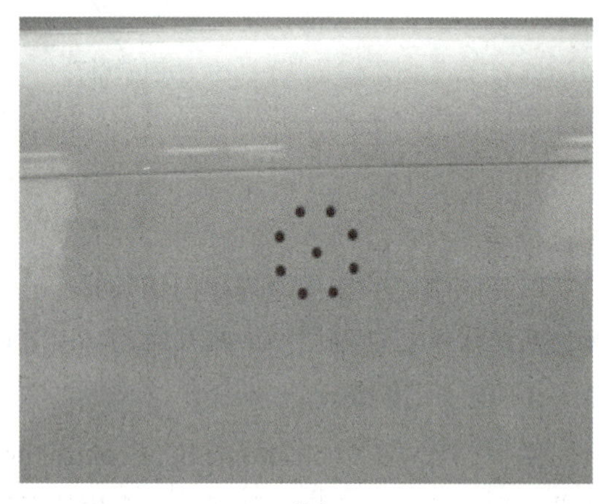

（b）

图 3-12　蜂鸣器

四、客室车门的功能

1．零速保护功能

当列车速度为零时，EDCU 内部的安全继电器就会直接被这一“零速”信号激活，然后完成开门指令。当列车速度大于零时，处于开门状态的车门就会马上关闭。

2．开门/关门功能

开门动作通过激活列车线的“开门”指令来实现。如果在执行这一指令时，“开门”列车线突然断电，则车门仍将打开到最大位。另外，开门动作还可以通过按下 EDCU 上的维修按钮来实现。

关门动作通过激活列车线的“关门”指令来实现。在激活“关门”指令 3 s 后，车门就开始关闭。如果在执行关门这一指令时，“关门”列车线突然断电，而“开门”列车线通电，则车门关闭程序就会停止，同时 1 s 后车门将重新打开到最大位。

地铁播报

车门的状态关系到乘客及运营的安全，必须确保列车运行过程中车门正确锁闭。只要检测到有一个车门没有正确锁闭，列车就无法启动。如果乘客在列车运行时将紧急解锁手柄拉下，列车将立即制动并停车。

3. 开关门的二次缓冲功能

车门收到开门指令时，先高速开门，在将要开门到位时，转为低速开门。车门收到关门指令时，先高速关门，在将要关门到位时，转为低速关门。

4. 障碍物检测功能

如果车门在关闭过程中碰到障碍物，则车门的障碍物检测功能就会被激活，车门将施加一定的关门力（150～300 N）并持续 0.5 s，然后自动打开 200 mm，1 s 后再重新关闭。若连续关闭 3 次后仍有障碍物，则车门将完全打开，此时需要司机再次操作关门开关。

如果车门在打开过程中碰到障碍物，则车门的障碍物检测功能也会被激活，开门将停止 1 s，然后重新开门。若连续开门 3 次后仍有障碍物，则车门将停止在该位置，此时需要通过关门指令使车门关闭后再打开。

5. 单个车门故障切除功能

当单个车门发生故障而不能及时修理时，工作人员可用方孔钥匙将故障车门切除。

五、客室车门的故障处理

客室车门的故障处理

客室车门开关频率很高，很容易出现车门无法打开或关闭等故障，这将直接影响列车的正常运行和乘客安全。因此，当故障发生后，司机和站务人员应立即按照操作规程进行故障处理。

1. 车门无法打开的故障处理

1）司机

当发现一对（含）以上车门无法打开时，司机应尝试把车门开关 3 次。如果不成功，则需要司机使用门控开关进行开门操作，具体流程如图 3-13 所示。

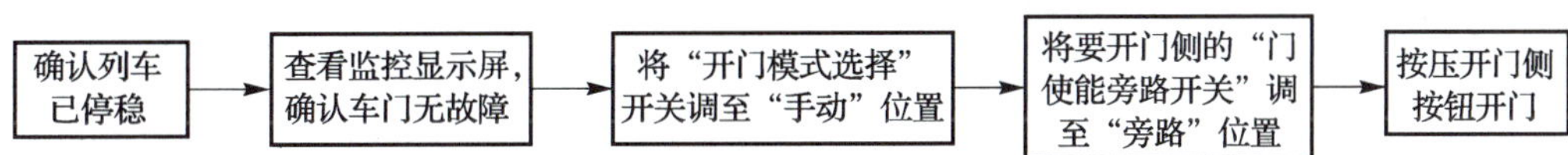

图 3-13　门控开关操作流程图

如果仍不能打开车门，司机应立即上报行车调度员，并把所有安全门和车门重新打开，等候站务人员来处理，同时用广播通知乘客列车有所延误。

2）站务人员

（1）站务人员收到值班站长通知后，复述故障车门位置和状态，把手台调到正线组，并携带处理工具，赶往现场。

（2）站务人员赶到现场后，立即用手台（见图 3-14（a））报告行车调度员，若不能与行车调度员联络，则先行处理故障。

（3）站务人员用手反拉车门，确认不能拉开后，将车门隔离。检查门侧面的门缝，确认锁止门闩落入锁止卡槽后，通知行车调度员，并张贴车门故障告示，如图 3-14（b）所示。

（a）常用手台　　（b）车门故障告示

图 3-14　车门故障应急处理常用工具

2．车门无法关闭的故障处理

1）司机

当司机发现一对（含）以上车门无法关闭时，尝试把车门开关 3 次。如果不成功，司机应立即上报行车调度员，并把所有安全门和车门重新打开，等候站务人员来处理，同时用广播通知乘客列车有所延误。

2）站务人员

（1）站务人员收到值班站长通知后，复述故障车门位置和状态，把手台调到正线组，并携带工具，赶往现场。

（2）站务人员赶到现场后，立即用手台报告行车调度员，若不能与行车调度员联络，则先行处理故障。

（3）站务人员确定故障车门位置，检查是否有异物（见图 3-15），其应急处理流程如图 3-16 所示。

图 3-15　车门有异物

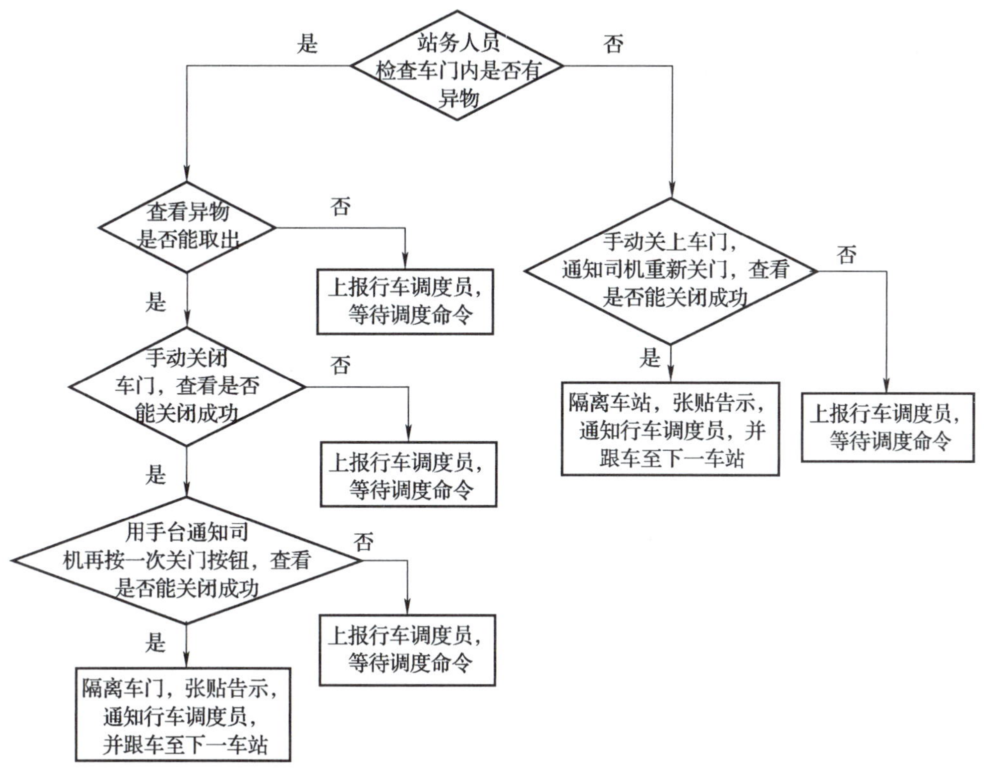

图 3-16　站务人员处理故障车门的应急处理流程

（4）只有一对车门无法关闭时，站务人员需要张贴车门故障告示，通知司机车门处理完毕，并跟车监护，提醒乘客远离故障车门。当两对（含）以上车门无法关闭时，站务人员则需要上报行车调度员，等待清客命令。

小案例

上班早高峰期间，某地铁1号线列车运行过程中发生车门故障，致使列车在某站停靠，清空乘客后退出运行。受此影响，1号线行车间隔拉大，部分站点短时间内滞留了大量乘客。在故障列车退出运行后，行车间隔恢复正常，站点滞留的乘客也逐渐被疏散，站台秩序恢复正常。

其实，这已经不是1号线列车第一次发生此类故障。在此之前，地铁1号线的另一列车车门也发生故障，只有一个车门可以打开，工作人员出于安全考虑对乘客进行了3次清客后，列车才退出运营。

班级：　　　　　　　　　　姓名：　　　　　　　　　　学号：

请按照以下步骤，利用模拟驾驶设备对开关车门的操作进行实训练习。

客室车门既可以在列车自动驾驶模式（ATO）下自动开关，也可以由司机手动开关。司机主要是通过控制司机室内的开关按钮来实现开关车门的。

1．开门操作

司机首先选择司机室驾驶操纵台上的左侧（或右侧）门选开关，门允许指示灯亮，然后按压开左门（或右门）按钮，开门指示灯亮，关门指示灯灭，监控显示屏显示车门呈开门状态。

2．关门操作

司机首先选择司机室驾驶操纵台上的左侧（或右侧）门选开关，门允许指示灯亮，然后按压关左门（或右门）按钮，关门指示灯亮，开门指示灯灭，监控显示屏显示车门呈关闭状态。

任务二　其他车门

青岛地铁 3 号线列车在试运营初期，司机室侧门经常出现不易打开或关闭现象，造成列车晚点，严重影响了地铁正线运营。

思考：司机室侧门的结构是怎样的？

一、逃生门

逃生门，又称紧急疏散门，是指一种安装在城轨车辆司机室前端的逃生装置。逃生门一般在列车两端各设置一套，主要供乘客在列车发生火灾等紧急情况时逃生使用，如图 3-17 所示。

图 3-17　逃生门

1. 逃生门的类型

逃生门形式多样，但大体可分为两类，即门、坡道一体式逃生门和门、坡道分体式逃生门。

1）门、坡道一体式逃生门

门、坡道一体式逃生门是指门和坡道组合为一个整体而形成的疏散通道。门、坡道一体式逃生门通常设置于司机室前方中心位置，且大多被 A 型地铁列车所采用。

2）门、坡道分体式逃生门

门、坡道分体式逃生门是指门和坡道作为独立的两个单元所形成的疏散通道。门、坡道分体式逃生门通常设置于司机室一侧（见图 3-18），且基本被 B 型地铁列车或其他车宽较小的列车所采用。

（a）外侧

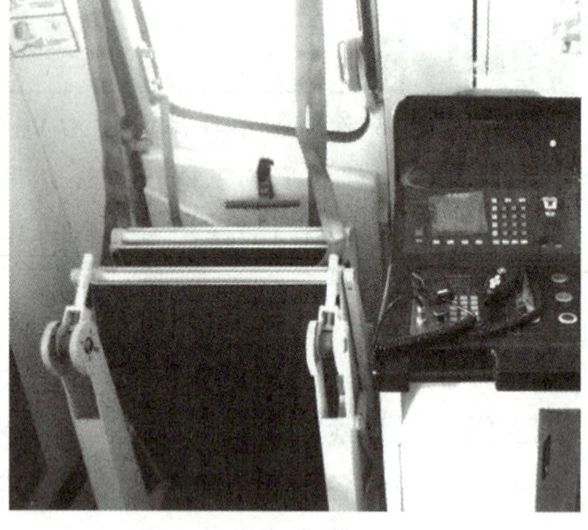

（b）内侧

图 3-18　门、坡道分体式逃生门

门有上翻式和侧摆式 2 种，坡道有平板式和阶梯式 2 种，因此不同的门和坡道可组合成 4 种门、坡道分体式逃生门，其应用情况如表 3-3 所示。

表 3-3　4 种门、坡道分体式逃生门的应用情况

类型	应用项目
上翻式疏散门和平板式坡道	大连地铁 2 号线，深圳地铁 1 号线，上海地铁 6 号线
上翻式疏散门和阶梯式坡道	北京地铁 2、5 号线
侧摆式疏散门和平板式坡道	北京地铁 4、8 号线
侧摆式疏散门和阶梯式坡道	北京地铁 1 号线

拓展阅读

逃生门承担着在紧急情况下疏散乘客、保证乘客生命安全的重任，因此选择时应优先选择易于操作、疏散能力强的逃生门。表 3-4 为两种逃生门的结构特点对比。

表 3-4　两种逃生门的结构特点对比

形式	结构特点	
	优点	缺点
门、坡道一体式逃生门	操作步骤少、所用时间短，疏散能力强；几乎不占用司机室内部空间	结构复杂，质量较大，成本较高；没有玻璃视窗，司机视野较差
门、坡道分开式逃生门	平板式坡道疏散能力较强；结构简单，质量较小，成本较低；带玻璃视窗，司机视野较好	阶梯式坡道疏散能力较差；单独占用司机室内部空间

2．逃生门的组成

逃生门主要由门扇、空气弹簧、铰链、密封框架、坡道和防护罩等组成，如图 3-19 所示。门扇通过铰链和空气弹簧与车体连接，门扇内部为密封框架，其上装有玻璃视窗，可通过双层密封达到隔音隔热、防水渗漏等效果。折叠坡道上设有防护罩，并带有阻尼装置以缓冲展开时的重力冲击。

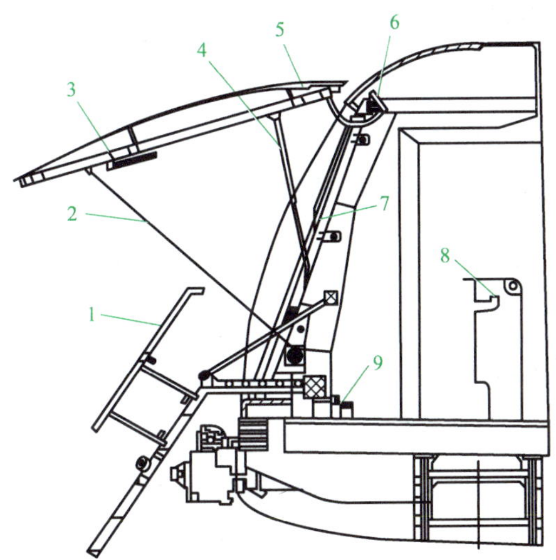

1—坡道；2—卷收带；3—门锁；4—空气弹簧；5—门扇；6—铰链；7—密封框架；8—防护罩；9—固定装置。

图 3-19　逃生门的组成

3．逃生门的操作方法

逃生门操作简单，其打开和关闭完全由人工完成，不需要外部电气动力。图 3-20 为逃生门的打开步骤。

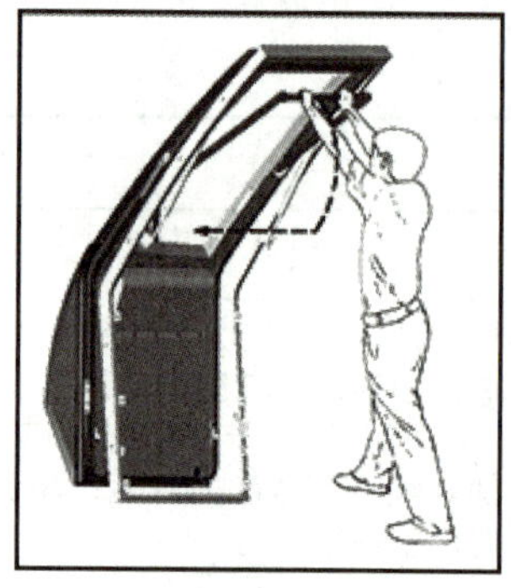
(a)拉动手柄,打开前门

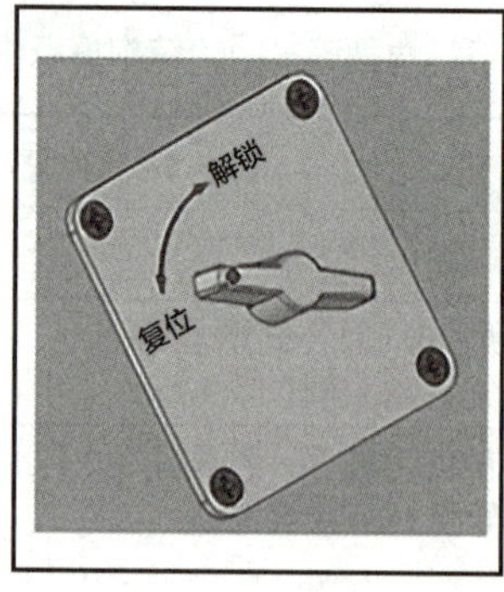

(b)拧动旋钮解锁

(c)向前推动坡道

(d)向前翻转坡道

(e)展开坡道

图 3-20　逃生门的打开步骤

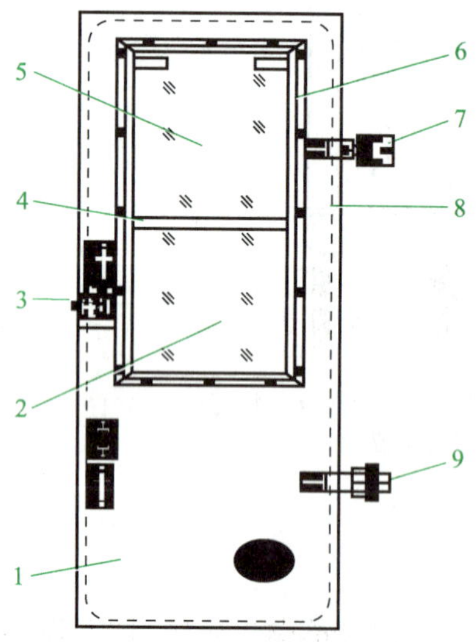

1—门板;2—下部玻璃窗;3—门锁;4—防水橡胶条;5—上部玻璃窗;6—门窗橡胶条;7—上铰链;8—门框密封橡胶条;9—下铰链。

图 3-21　司机室侧门的组成

二、司机室侧门

司机室两侧墙上各有一扇单叶侧门,用于司机上下车,具有阻力小、结构简单、操作方便等特点。司机室侧门主要由门板、玻璃窗、门框密封橡胶条和门锁等组成(见图 3-21),其结构与客室车门类似。

三、间隔门

间隔门又称司机室后端门,是指位于司机室后端墙上的、与客室相通的通道门。间隔门主要供司机进入客室查明情况或处理事故,或供乘客在紧急情况下逃生。

间隔门主要采用手动移门,其操作方法与司机室侧门基本一致。间隔门主要由门板、门窗玻

璃、门锁和铰链等组成，如图 3-22 所示。间隔门一般在客室一侧没有开门把手。正常情况下，乘客无法打开间隔门；但当发生危险性事故时，乘客可以使用间隔门上方的紧急开门装置打开间隔门。

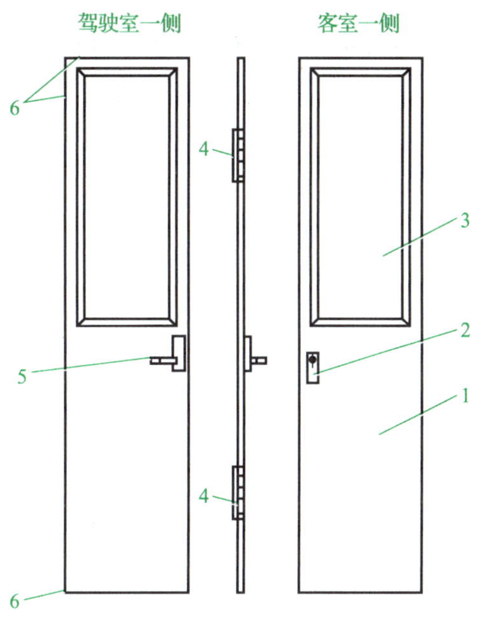

1—门板；2—门锁；3—门窗玻璃；4—铰链；5—带手柄门锁；6—门刷。

图 3-22　间隔门的组成

地铁趣闻

从地铁司机室车门窗看风景要趁早！

你有在地铁上看风景的习惯吗？许多乘客喜欢透过司机室后端门上的窗户欣赏列车前方的风景（见图 3-23），特别是神秘的地铁隧道。然而广州地铁计划对全部列车的这种窗户做封闭处理。这个独特的视角，很快会在广州消失，乘客以后将不能再从该视角看窗外的风景了。

图 3-23　乘客透过司机室后端门上的窗户欣赏列车前方的风景

地铁相关负责人表示，一些乘客尤其是小朋友在看窗外风景时常因兴奋过度而拍打车窗，这会使司机室内的司机受惊，在一定程度上影响了行车安全。广州地铁2号线一列车在隧道中临时停车期间，一乘客通过该窗户看到自己所在列车的后方有另一辆列车驶来，该乘客因担心被追尾而解锁车门逃生。因此，出于安全方面的考虑，广州地铁做出了封窗的决定。

活页清单 3.2

班级：　　　　　　　　组员：

将全班学生进行分组，每4～6人为一组，利用本任务学到的知识，具体选定某种类型的城轨车辆，对其除客室车门外的其他车门进行分析，并做成分析报告。

参考案例

下面以青岛地铁3号线列车（见图3-24）的司机室侧门为例，分析其结构特点。

图3-24　青岛地铁3号线列车

青岛地铁3号线列车司机室侧门采用手动塞拉门，密封性能良好，且开闭灵活。

司机室侧门主要由门板、玻璃窗、门锁、驱动机构和下导轨等组成。

门板采用复合结构，由铝型材焊接成骨架，内、外侧蒙皮，内部填充铝蜂窝。

玻璃窗采用外滑型垂向降落窗，窗上装有安全玻璃。窗滑动灵活，设有耐候性密封条，能挡风、挡雨、防止震颤等。

门锁内侧为门把手锁，外侧为钥匙锁，门锁在司机室内外均能锁闭和打开。门锁具有足够的强度，能承受一定的冲击力。另外，门锁设有一套二级保护锁，在外部可通过钥匙、在内部可通过旋钮对其进行操作。当门完全锁闭时，门锁的把手不能转动，以防止除司机外的其他人开门或在司机室内意外碰到把手而开门。

司机室侧门产生故障的原因主要集中在两方面：一是门锁安装尺寸不合理；二是门锁内部结构存在一定设计缺陷。

分析报告

活页作业 3

班级：　　　　　　　　　　姓名：　　　　　　　　　　学号：

1. 填空题

（1）按驱动方式的不同，客室车门可分为______和______。

（2）______是指一种在车辆侧墙的外墙板与内护板之间移动的车门。

（3）客室车门主要由______、______、驱动装置、______、______、电子门控单元、______、______及______等组成。

（4）车门主要是通过______来实现开关门动作的。

（5）每辆车指定车门的外侧装有紧急解锁装置，可用______操作。

（6）逃生门，又称______，是指一种安装在城轨列车司机室前端的逃生装置。

（7）逃生门主要由______、______、______、______、______及______等组成。

（8）司机室侧门主要由______、______、______及______等组成，其结构与客室车门类似。

（9）______是指位于司机室后端墙上的、与客室相通的通道门。

2. 判断题

（1）外挂门是指一种门扇在打开时贴靠在车体外墙、关闭时与外墙成同一平面的车门。（　　）

（2）塞拉门具有密封性好、结构复杂、运行阻力大、便于车辆的清洗等特点。（　　）

（3）车门收到开门指令时，先高速开门，在将要开门到位时，转为低速开门。车门收到关门指令时，先高速关门，在将要关门到位时，转为低速关门。（　　）

（4）EDCU 不仅可以接收司机室控制单元的控制命令，还能实时监测车门状态和故障信息。（　　）

（5）只要检测到有一个车门没有正确锁闭，列车就无法启动。如果乘客在列车运行时将紧急解锁手柄拉下，列车将紧急制动并停车。（　　）

（6）门、坡道一体式逃生门通常设置于司机室前方的中心位置，且大多被 B 型地铁列车所采用。（　　）

（7）紧急疏散门一般位于列车一端，主要供乘客在列车发生火灾等紧急情况时逃生使用。（　　）

3. 简答题

（1）简述客室车门的类型。

（2）当客室车门无法关闭时，司机和站务人员应如何进行故障处理？

（3）简述客室车门的组成。

项目四

城轨车辆转向架

① 项目导读

转向架是指支撑车体，并引导车辆沿轨道走行的支撑走行装置，其结构是否合理直接影响车辆的运行品质。转向架在城轨车辆中有着不可替代的作用，尤其是其转向功能，可以说没有转向架，列车将很难通过曲线轨道。因此，城轨车辆人员必须能正确认识转向架各组成部分的结构，并了解其作用。

② 知识目标

（1）理解转向架的作用，掌握转向架的类型和组成。

（2）掌握构架的类型及组成。

（3）掌握轮对轴箱装置的组成。

（4）掌握一系悬挂装置和二系悬挂装置的位置、作用和组成。

（5）掌握中央牵引装置的作用及组成。

（6）掌握驱动装置的作用及组成。

③ 能力目标

（1）能够判断转向架的类型。

（2）能够正确分析转向架的组成。

④ 素质目标

优良的制造工艺是保障客运安全的坚实后盾。在学习过程中，要注重提升自身的责任感和使命感，为我国从“制造大国”到“制造强国”的转变付出努力。

任务一 认识转向架

任务引入

转向架有多种形式。不同形式的转向架，其性能、结构、参数等都不同，运行条件也有所差异，从而其适用的列车也不同。

思考：转向架的类型有哪些？它们有什么不同？

一、转向架的作用

转向架的作用主要体现在以下四个方面。

1．支撑车体、传递载荷

转向架可以支撑车体，并将车辆载荷均匀地分给各个车轮，车轮再作用于钢轨，从而使车辆运行起来。

2．转向

转向架可相对车体做回转运动，使其顺利地通过一定半径的曲线轨道，从而改变车辆的运行方向。如果没有转向架，车辆将很难通过曲线轨道。车辆通过曲线轨道时的状态，如图 4-1 所示。

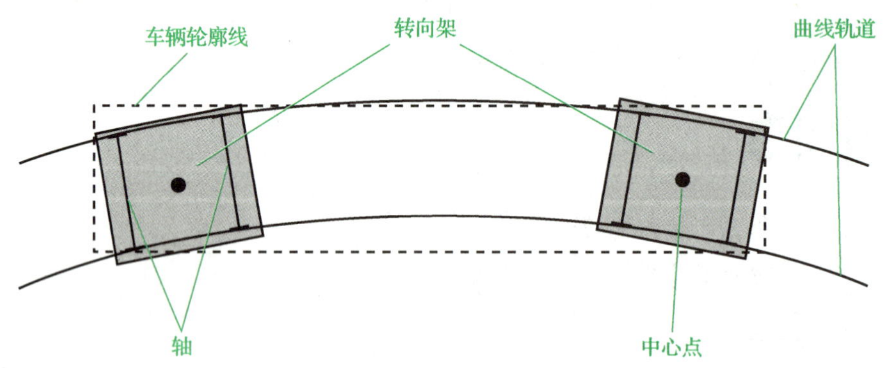

图 4-1　车辆通过曲线轨道时的状态

3．传递牵引力、制动力

当车辆处于牵引状态时，牵引电动机产生的转矩通过齿轮箱使轮对沿轨道滚动，轮轨的黏着作用使车轮滚动力矩转化为向前的轮周牵引力，轮周牵引力再由轴箱经构架传递给牵引拉杆、中心销座、中心销、车体等，从而使车辆沿轨道平行运动。

当车辆处于制动状态时，制动器给轮对一个反向力矩，轮轨的黏着作用使该力矩转化为向后的制动力，从而使车辆在规定的距离内停车。

4. 缓冲

转向架上装有弹簧减振装置，可以缓和不平顺的轨道、道岔等对车辆造成的冲击，以确保车辆运行平稳，提高乘坐舒适度。

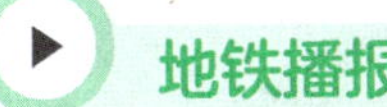

转向架是车辆的一个独立部件，应尽量减少转向架和车体之间的连接件，简化结构，以便于转向架的制造、拆装和维修。

二、转向架的组成

转向架可分为动车转向架和拖车转向架，它们的组成基本一致，都是由**构架**、**轮对轴箱装置**、**弹性悬挂装置**、**中央牵引装置**、**驱动装置**（仅动车转向架有）和**制动装置**等组成的，如图 4-2 所示。

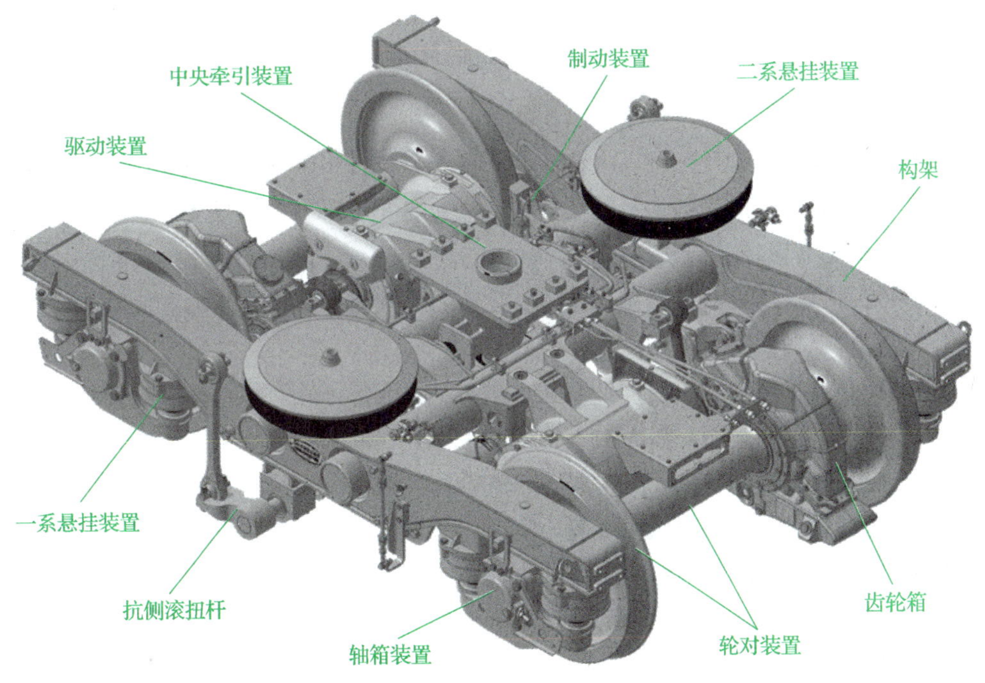

（a）动车转向架

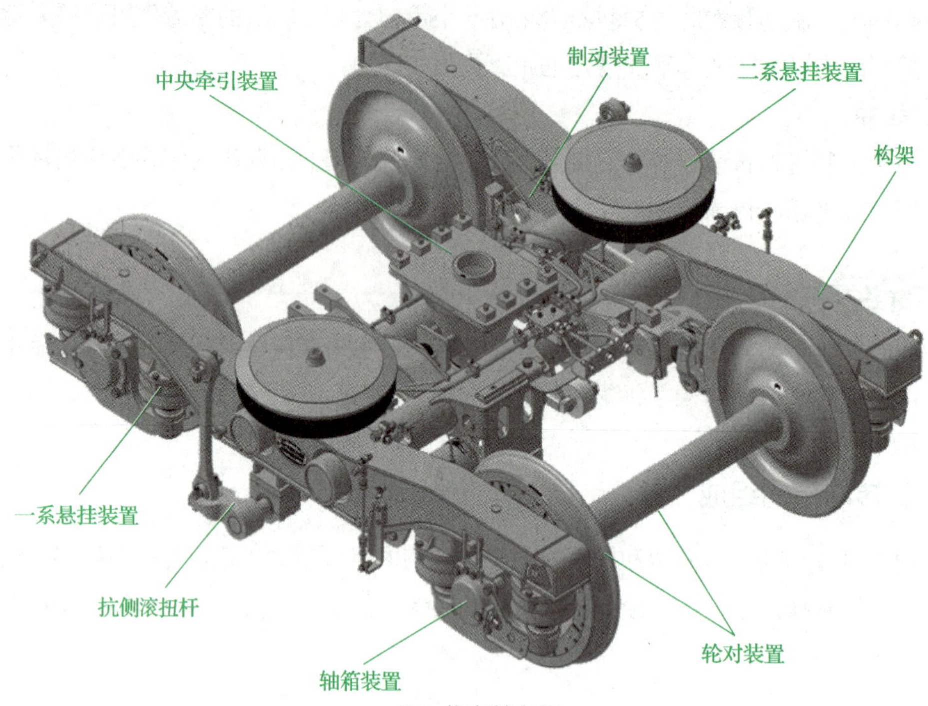

（b）拖车转向架

图 4-2　转向架的组成

1．构架

构架是转向架的基础，它可以将转向架的各个零部件组合成一个整体。构架不仅需要承受并传递各种载荷，而且其形状和尺寸都应满足各个零部件的组装要求。

2．轮对轴箱装置

轮对装置可直接向钢轨传递重力，通过轮轨之间的黏着产生牵引力和制动力，并利用轮对的回转实现车辆在钢轨上的运行。

轴箱装置是连接构架和轮对的活动关节。它不仅能保证轮对相对构架做回转运动，还能使轮对适应不平顺的线路，做相对于构架的上下、左右和前后运动。

3．弹性悬挂装置

弹性悬挂装置又称为弹簧减振装置，包括一系悬挂装置和二系悬挂装置，主要由弹性元件和减振器组成。它的主要作用是缓和由线路的不平顺、道岔、钢轨磨耗、车轮不圆等所引起的振动和冲击，保持转向架的稳定。

4．中央牵引装置

中央牵引装置主要由中心销和牵引拉杆组成。它的主要作用是将纵向牵引力和制动力传递给车体，使转向架相对于车体做回转运动。

5．驱动装置

驱动装置安装在动车转向架上，由牵引电动机、齿轮箱和联轴器等组成。它的主要作

用是将牵引电动机产生的转矩转换为车轮的滚动。

6．制动装置

制动装置由制动缸、放大系统、制动闸片和制动盘等组成。它的主要作用是传递并放大制动缸的制动力，然后将其传递给制动闸片，使其与车轮摩擦产生制动力。

三、转向架的类型

1．按车轴数目分类

按车轴数目的不同，转向架可分为二轴转向架、三轴转向架和多轴转向架等。城轨车辆通常采用二轴转向架，如图 4-3 所示。

图 4-3　二轴转向架

转向架的类型

2．按轴箱定位方式分类

按轴箱定位方式的不同，转向架可分为拉板式定位转向架、拉杆式定位转向架、转臂式定位转向架和层叠式橡胶弹簧定位转向架。下面具体介绍这几种转向架的轴箱定位方式。

（1）拉板式定位：拉板是由特种弹簧钢材制成的薄片，其一端与轴箱连接，另一端与构架连接。拉板在纵、横方向上的不同刚度约束了轴箱与构架的相对运动，从而实现弹性定位，如图 4-4（a）所示。

（2）拉杆式定位：拉杆的一端与轴箱连接，另一端与构架连接。拉杆两端的橡胶垫和套限制了轴箱与构架在纵、横方向上的相对位移，从而实现弹性定位，如图 4-4（b）所示。

（3）转臂式定位：又称弹性铰定位，转臂的一端通过螺栓与轴箱固接，另一端通过橡胶节点与构架连接。橡胶节点由弹性橡胶套、金属外套等组成，其允许轴箱和构架在上、下方向上有较大的位移，在纵、横方向上有适宜的刚度，从而实现良好的弹性定位，如图 4-4（c）所示。

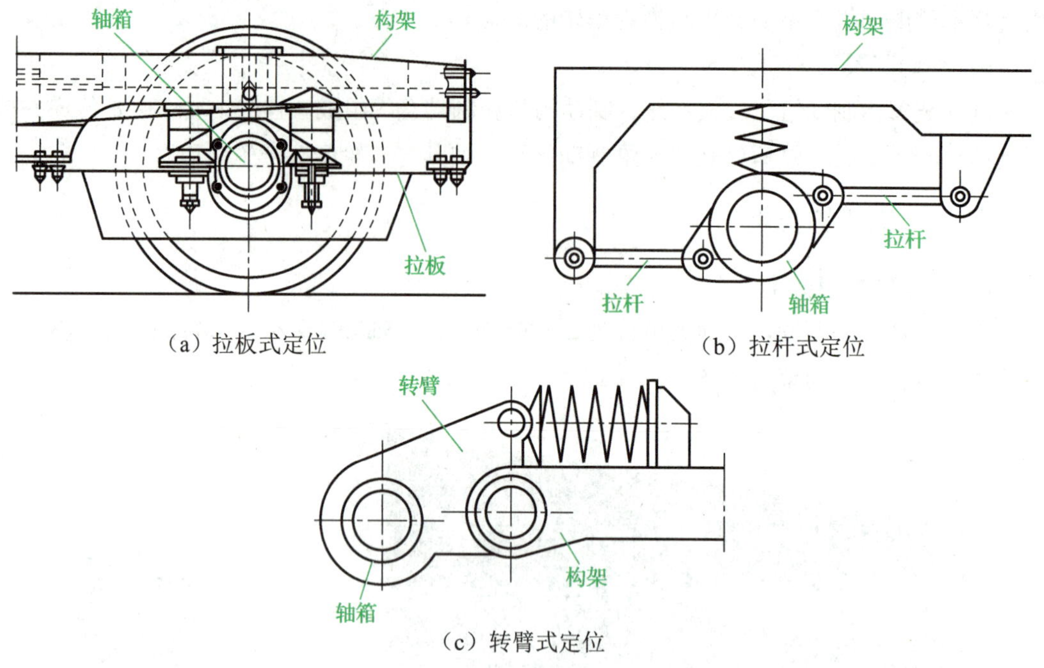

（a）拉板式定位　　（b）拉杆式定位

（c）转臂式定位

图 4-4　不同的轴箱定位方式

（4）**层叠式橡胶弹簧定位**：层叠式橡胶弹簧有人字形和锥形两种，两端分别与轴箱、构架连接，其允许轴箱和构架在上、下方向上有较大的位移，在纵、横方向上有适宜的刚度，从而实现良好的弹性定位，如图 4-5 所示。

上述 4 种定位方式均属于无磨耗的轴箱定位方式，弹性节点或橡胶节点的设计可以使轴箱和构架在纵、横方向上达到刚度要求，以实现理想的定位。

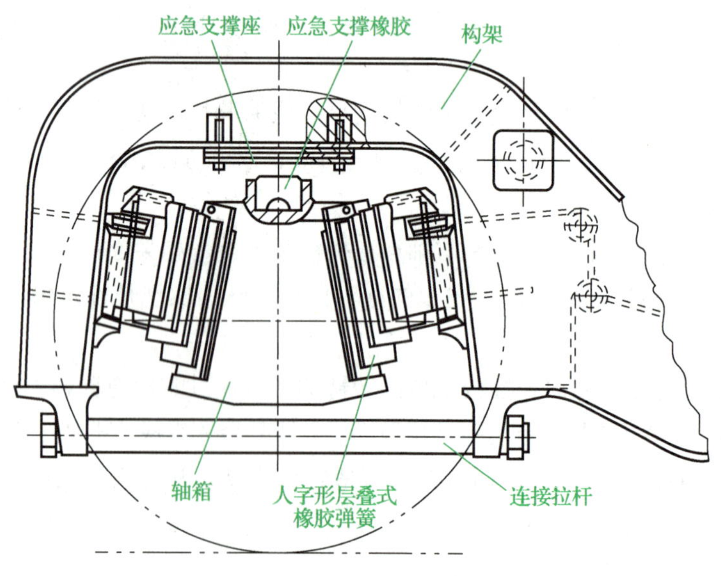

（a）人字形层叠式橡胶弹簧定位

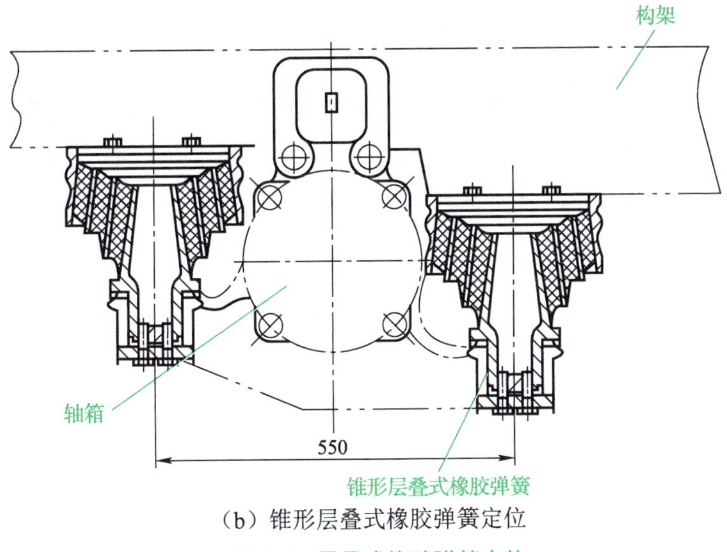

(b) 锥形层叠式橡胶弹簧定位

图 4-5　层叠式橡胶弹簧定位

小提示

轴箱定位也称为轮对定位，是指约束轮对与构架之间相互位置的方式。限定轮对和轴箱在转向架的横向与纵向位置的装置称为轴箱定位装置。

3. 按车体与转向架的连接装置分类

按车体与转向架的连接装置的不同，转向架可分为有心盘（或有中心销）转向架、无心盘（或无中心销）转向架和铰接式转向架。铰接式转向架又可分为具有双排球形转盘的铰接式转向架、具有球心盘的铰接式转向架和 TGV 高速列车式铰接式转向架，如图 4-6 所示。地铁车辆常采用有心盘转向架，而轻轨车辆常采用铰接式转向架。

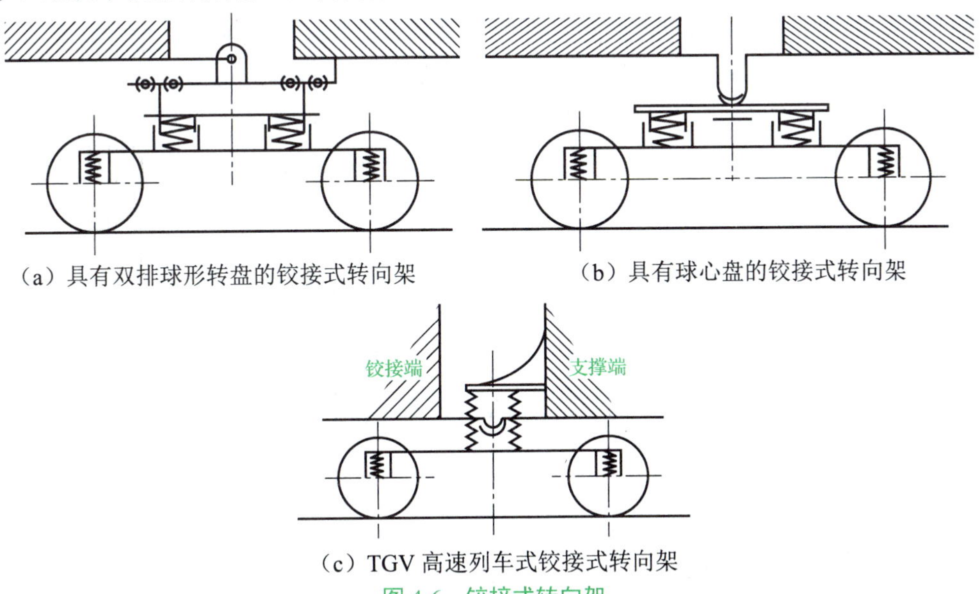

(a) 具有双排球形转盘的铰接式转向架　(b) 具有球心盘的铰接式转向架

(c) TGV 高速列车式铰接式转向架

图 4-6　铰接式转向架

四、转向架的主要技术参数

转向架的主要技术参数直接决定了车辆的稳定性和乘坐舒适性，包括轨距、轴距、转向架中心距、车轮直径、轴重、轮对内侧距、牵引点高度、齿轮中心距、齿轮传动比等。各转向架因其设计要求不同，技术参数也不尽相同。表 4-1 为某转向架的主要技术参数。

表 4-1　转向架技术参数

技术参数	参数值
轨距/mm	1 435
轴距/mm	2 300
转向架中心距/mm	12 600
车轮直径/mm	840（磨耗到限 770）
轴重/t	14
轮对内侧距/mm	1 353
牵引点高度/mm	663
齿轮中心距/mm	370
齿轮传动比/mm	4.964

拓展阅读

轮对内侧距是指左右车轮内侧面之间的距离，是保证车辆运行安全的重要参数。轮对内侧距有严格的规定，我国地铁车辆一般为 1 353±2 mm，如图 4-7 所示。轮对在钢轨上滚动时，轮对内侧距应保证在最不利的条件下，车轮踏面在钢轨上仍有足够的安全搭接量，不致造成掉道；同时还应保证车辆在线路上运行时轮缘与钢轨之间有一定的游隙。若轮缘与钢轨之间的游隙太小，则可能会造成轮缘与钢轨的严重磨耗；若轮缘与钢轨之间的游隙太大，则会使轮对蛇行运动的振幅增大，影响车辆运行品质。

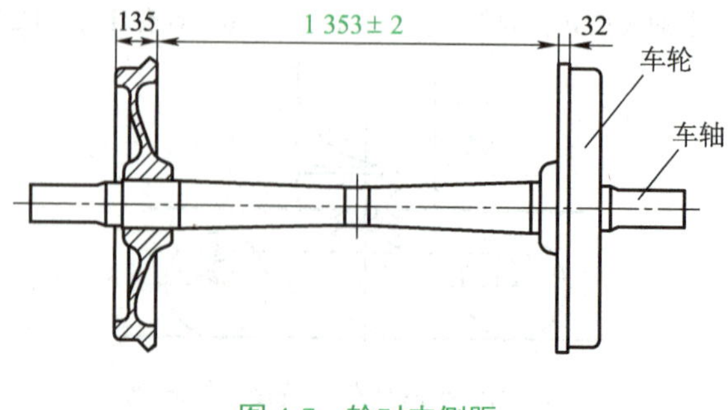

图 4-7　轮对内侧距

班级：　　　　　　　　姓名：　　　　　　　　学号：

利用本任务学到的知识，以中车青岛四方发布的新一代碳纤维地铁车辆的转向架（见图 4-8）为例，试说出该转向架的类型，并分析其是由哪些部分组成的，指出各组成部分所在的位置，并在图中用线条、箭头和文字等方式写出各组成部分的名称。

图 4-8　转向架

任务二　构　架

深圳地铁 1 号线列车转向架构架裂纹分析

深圳地铁 1 号线列车自 2010 年上线运营，在运营里程约为 500 000 km 时，开始出现大面积裂纹。裂纹主要有两种：一是侧梁下盖板与横梁的对接焊缝处开裂；二是横侧梁附件下盖板 R40 圆弧处开裂。

第一处开裂的主要原因是下盖板对接焊缝处存在严重的未熔合和未焊透缺陷；第二处开裂的位置均位于构架横梁与侧梁连接部位的下盖板拐角圆弧附近，这些位置均存在局部尖点和凹坑，使局部应力集中，从而导致母材开裂。

转向架构架是走行部极其关键的部位，直接影响正线的行车安全，因此，在生产构架过程中应高度重视制造工艺，保证焊缝质量，减少应力集中点，确保产品质量。那么，构架有哪些设计要求？它可分为哪几种类型呢？通过本任务的学习，我们就能了解这些内容。

一、构架的设计要求

构架是转向架的基础，主要用于安装转向架的其他组成部件。构架在设计时应满足以下几点要求。

（1）构架应便于各部件及附加装置的安装，如轮对轴箱装置、空气弹簧、牵引电动机、制动装置等。

（2）构架的尺寸应满足精度要求，以保证转向架的其他组成部件在构架上的正确安装。

（3）构架要有足够高的强度和刚度，承受并传递车体重力、牵引力、制动力及各种振动和冲击，保证列车安全运行。如果构架的强度和刚度不够，就很容易发生裂纹和变形等形式的破坏。

二、构架的类型

1. 按制造工艺分类

按制造工艺的不同，构架可分为铸钢构架和焊接构架。铸钢构架一般质量大，铸造工艺复杂，使用会受到一定的限制，城轨车辆一般不采用此类构架；焊接构架的组成梁一般为中空箱形，质量小，使用材料少，且能满足一定的强度和刚度要求，城轨车辆一般采用

此类构架。

2. 按结构形式分类

按结构形式的不同，构架可分为开口式构架、闭口式构架、H 形构架、日字形构架及目字形构架等。其中，无端梁的构架称为开口式构架；有端梁的构架称为闭口式构架。开口式构架、H 形构架和日字形构架最为常见，图 4-9 为 H 形构架。

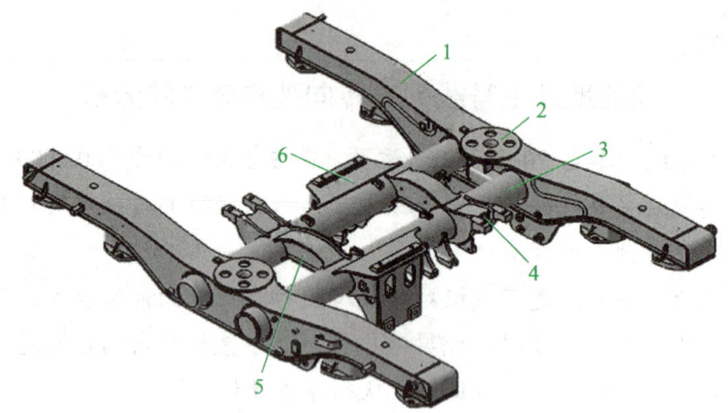

1—侧梁；2—空气弹簧安装座；3—横梁；4—齿轮箱吊杆安装座；5—纵梁；6—电动机安装座。

图 4-9　H 形构架

三、构架的组成

构架是由侧梁、横梁及纵梁等组焊而成的，如图 4-9 所示。

1. 侧梁

侧梁位于构架两侧，是主要承载部件。侧梁采用钢板焊接结构，由上盖板、下盖板和立板焊接而成，呈箱形。

此外，侧梁上还设有空气弹簧、制动装置、抗侧滚扭杆等部件的安装座。抗侧滚扭杆安装座设置在两个侧梁的下部。侧梁端部的四个起吊座可使构架或整个转向架被安全地吊起。各安装座的安装孔都经过精确定位，以保证转向架的良好运行。

2. 横梁

横梁位于构架中间，连接两根侧梁，用来保证构架在水平面内的刚度、保持各轴的平行等。横梁采用中空结构，可作为空气弹簧的附加空气室，提高构架强度。横梁有矩形和圆形两种结构，矩形结构的横梁和侧梁一样是用钢板焊接而成的，圆形结构的横梁则采用无缝钢管。

此外，横梁上还设有电动机安装座、齿轮箱吊杆安装座及牵引杆安装座等。

地铁播报

动车转向架和拖车转向架的构架主干部分基本相同，可以进行互换。

班级：　　　　　　　　　组员：

将全班学生进行分组，每 4～6 人为一组，利用本任务学到的知识，具体选定某种类型的城轨车辆，对其转向架的构架进行分析，并做成分析报告。

参考案例

下面以青岛地铁 2 号线车辆的转向架为例，分析其构架的结构特点。

南车青岛四方以青岛地铁 3 号线车辆的转向架为基础，对青岛地铁 2 号线车辆的转向架进行了适应性设计，设计遵循了“先进性、成熟性、高可靠性、经济性、适用性、节能性、轻量化、互换性”的原则，适合青岛地铁 2 号线一期工程车辆的运行环境。

构架侧梁采用箱形钢板焊接结构，与侧梁相贯通的横梁由无缝钢管制成。钢板材料选用 Q345C；无缝钢管选用 Q345D，兼作空气弹簧的附加空气室。侧梁与无缝钢管之间的焊接通过圆环形板进行加强。

在构架中，电动机安装座、齿轮箱吊杆安装座均采用板材与横梁焊接。构架采用了最佳的焊接工艺和焊接方法，以使结构的焊接内应力降至最低。构架还进行了整体退火处理，以消除焊接内应力。该构架的使用寿命为 30 年。

分析报告

任务三　轮对轴箱装置

某日上午，俄罗斯莫斯科地铁深蓝线一列列车在胜利公园站至斯拉维扬斯克站之间运行时发生 3 节车厢脱轨事故，造成二十多人死亡，上百人受伤。事故原因是列车在行驶过程中收到错误信号，急刹车导致多节车厢脱轨。

思考：脱轨是经常发生的意外事故，那是什么原因导致脱轨事故发生的呢？车轮应如何设计才能保证列车沿钢轨安全运行呢？

一、轮对装置

轮对装置是指由一根车轴和两个同型号的车轮通过过盈配合组装而成的装置，如图 4-10 所示。轮对装置在组装过程中采用了冷压或热套工艺，以使车轴和车轮牢固地结合在一起，避免车轮在使用过程中出现脱落现象。

图 4-10　轮对装置

轮对装置不但需要引导车辆沿钢轨运动，而且还要承受车辆载荷。因此，轮对装置在设计时应满足以下几点要求。

（1）在保证足够强度和一定使用寿命的前提下，使其质量最小，并具有一定弹性，以减小其与钢轨之间的作用力。

（2）应具备运行阻力小、耐磨性好等优点。

（3）要既能适应车辆直线运行，又能使车辆顺利通过曲线，还要有抵抗脱轨的安全性。

1. 车轴

城轨车辆转向架的车轴一般为实心轴，包括**轴颈**、**防尘板座**、**轮座**、**轴身**和**齿轮箱座**等，如图 4-11 所示。动车车轴和拖车车轴的主要区别在于前者需要考虑安装齿轮箱，后者不需要考虑安装齿轮箱。

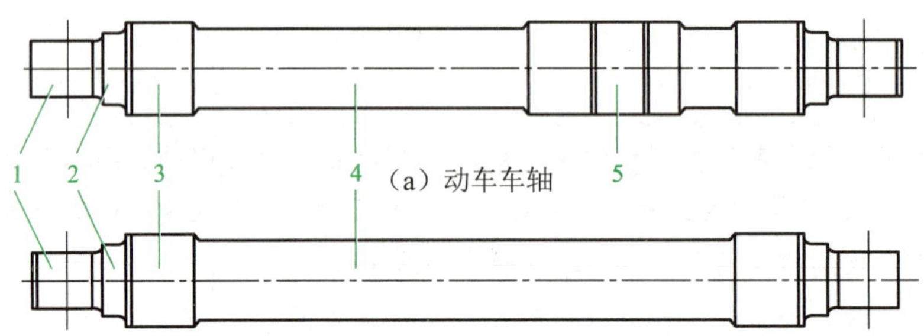

（a）动车车轴

（b）拖车车轴

1—轴颈；2—防尘板座；3—轮座；4—轴身；5—齿轮箱座。

图 4-11　车　轴

（1）**轴颈**是指车轴两端伸进轴箱的部分，用于安装轴承。

（2）**防尘板座**是指轴颈和轮座的过渡部分，用于安装防尘挡板。

（3）**轮座**是指压装车轮的部分。

（4）**轴身**是指车轴的中央部分，该部位受力最小。

（5）**齿轮箱座**是指用于安装齿轮箱的部分。

2. 车轮

城轨车辆转向架的车轮普遍采用整体碾钢轮，它包括**踏面**、**轮缘**、**轮辋**、**轮毂**和**辐板**等，如图 4-12 所示。

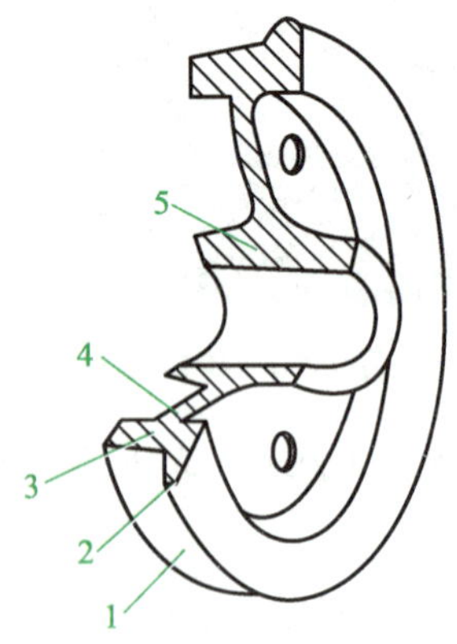

1—踏面；2—轮缘；3—轮辋；4—辐板；5—轮毂。

图 4-12　整体碾钢轮

（1）踏面是指车轮与钢轨的接触面。最初，为了使车辆顺利通过曲线轨道，踏面一般做成有一定斜度的锥形踏面，如图 4-13（a）所示。锥形踏面具有使轮对自动调中、减少车辆侧摆、磨耗更加均匀等优点，但锥形踏面会使车辆做蛇形运动（见图 4-13（b）），导致车轮磨损，车辆的运行品质降低。在车辆的运行过程中，锥形踏面会很快被磨耗，并形成一定的形状，此后磨耗速度会变慢，且形状趋于稳定。于是，人们在此基础上提出了磨耗型踏面，即车轮踏面一开始就做成类似磨耗后的稳定形状的踏面。磨耗型踏面可减少磨耗量，延长车轮使用寿命，保证车辆稳定运行，因此地铁车辆车轮普遍采用磨耗型踏面。

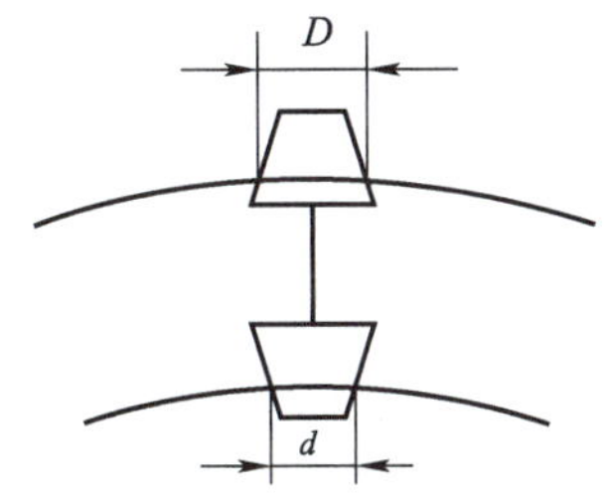

（a）锥形踏面轮对通过曲线轨道

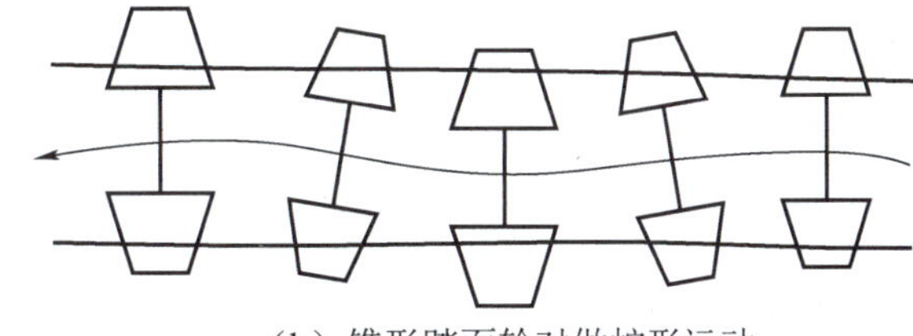

（b）锥形踏面轮对做蛇形运动

图 4-13 锥形踏面轮对在轨道上的运动

（2）轮缘是指踏面一侧突出的圆弧部分。轮缘的主要作用是使车辆沿钢轨运行，防止脱轨。

（3）轮辋是指踏面下，车轮最外一圈。

（4）轮毂是指车轮与车轴相互配合的部分。

（5）辐板是指连接轮辋和轮毂的部分。辐板上的两个小圆孔主要用于在切削加工时固定轮对与机床的位置、搬运轮对等。

拓展阅读

早期车轮的截面是直的，后来人们发现，弯曲的截面有助于分散车轮中的应力，延长车轮的使用寿命，因此如今的车轮截面（见图 4-7）都是弯曲的。

二、轴箱装置

轴箱装置是指轴箱和轴承的组合体，如图 4-14 所示。它可以实现轮对和构架的连接，承受并传递轮对和构架的各种作用力，使轮对沿钢轨的滚动转化为车体沿线路的平动。

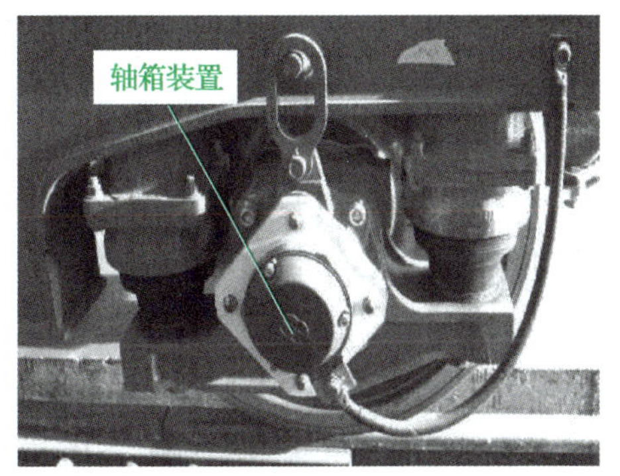

图 4-14 轴箱装置

1. 轴箱

轴箱通过轴承、一系悬挂装置，与车

轴、构架相连。轴箱由轴箱体（见图 4-15）、轴箱盖、防尘挡板及轴端附属装置（如压板、防尘挡圈）等部件组成。

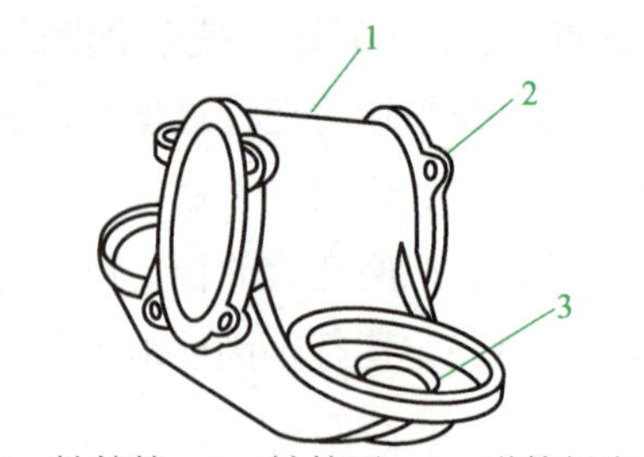

1—轴箱筒；2—轴箱耳；3—弹簧托盘。

图 4-15　轴箱体

2．轴承

轴承可分为滑动轴承和滚动轴承两类。与滑动轴承相比，滚动轴承具有能显著降低车辆的运行阻力、减少燃轴的惯性事故、减轻轴承的维修工作及降低运营成本等优点。因此，滚动轴承现已取代了滑动轴承。

按滚动体形状的不同，滚动轴承可分为圆柱滚子轴承、圆锥滚子轴承和球轴承。一般城轨车辆采用圆柱滚子轴承或圆锥滚子轴承。例如，广州地铁 1 号线车辆采用圆柱滚子轴承，2 号线车辆采用圆锥滚子轴承。图 4-16 为圆柱滚子轴承轴箱装置。

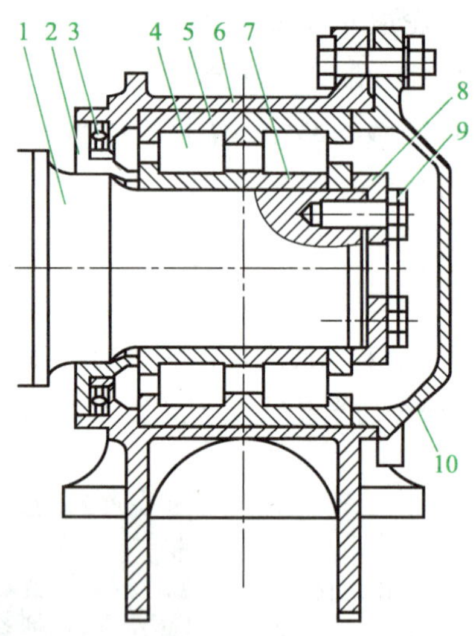

1—车轴；2—防尘挡板；3—密封圈；4—圆柱滚子；5—轴承外圈；6—轴箱；7—轴承内圈；8—压板；9—螺栓；10—轴箱盖。

图 4-16　圆柱滚子轴承轴箱装置

班级：　　　　　　　　　组员：

将全班学生进行分组，每 4～6 人为一组，利用本任务学到的知识，具体选定某种类型的城轨车辆，对其转向架的轮对轴箱装置进行分析，并做成分析报告。

参考案例

下面以青岛地铁 2 号线车辆的转向架为例，分析其轮对轴箱装置的结构特点。

1．轮对装置

车轮压装于车轴上，齿轮箱压装于动车车轴上。车轮的轮辋两侧安装降噪阻尼环，通过吸收车轮的振动来达到降噪的目的。车轮采用 HDS 整体辗钢全加工车轮，车轮材质为 CL60，车轴材质为 LZ50。车轮的压装采用冷压法组装。

2．轴箱装置

轴箱装置包括轴箱体、防尘挡圈、前后端盖、轴承等。其中，轴箱体采用铸钢箱体，迷宫式密封结构。

分析报告

任务四　弹性悬挂装置

随着时代的发展，地铁已成为人们出行首选的交通工具。很大的一个原因就是，相比于其他交通工具，地铁出行更加舒适、平稳。那么，你知道让地铁平稳行驶的秘籍是什么吗？

为了提高车辆运行的平稳性，确保乘客乘坐的舒适性，城轨车辆转向架一般设有弹性悬挂装置。弹性悬挂装置主要包括一系悬挂装置和二系悬挂装置，如图 4-17 所示。

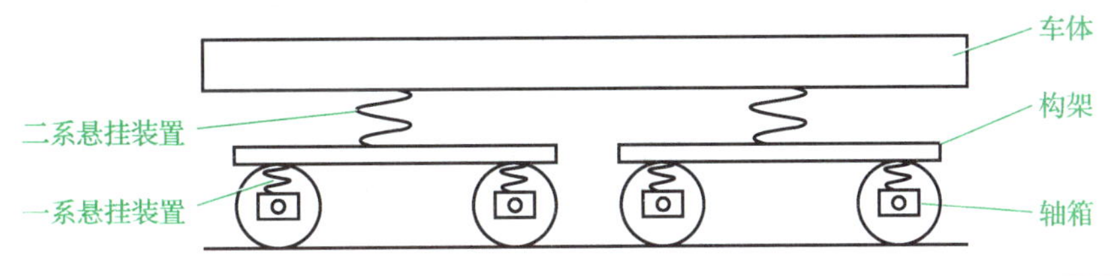

图 4-17　弹性悬挂装置

一、一系悬挂装置

一系悬挂装置又称轴箱悬挂装置，设置在轴箱与构架之间，主要由轴箱弹簧、减振器等组成。

1. 轴箱弹簧

轴箱弹簧多采用螺旋弹簧、圆锥形橡胶弹簧、人字形橡胶弹簧等，如图 4-18 所示。

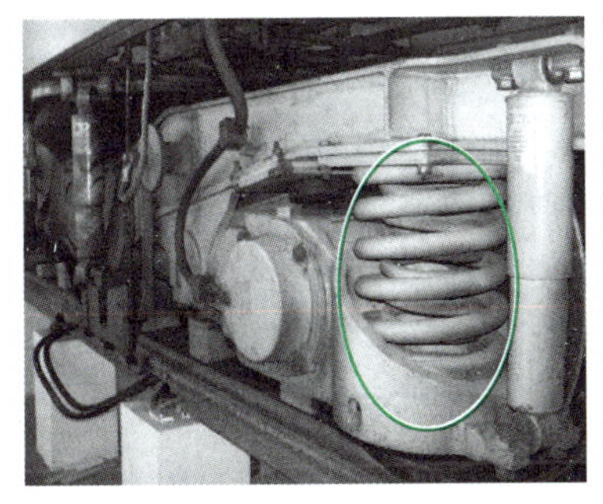

（a）螺旋弹簧

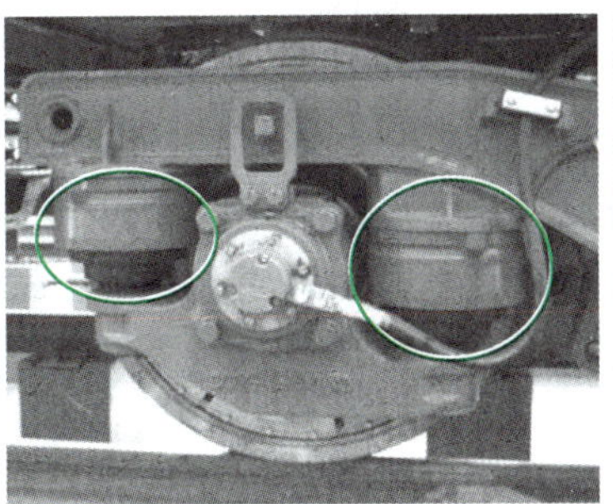

（b）圆锥形橡胶弹簧

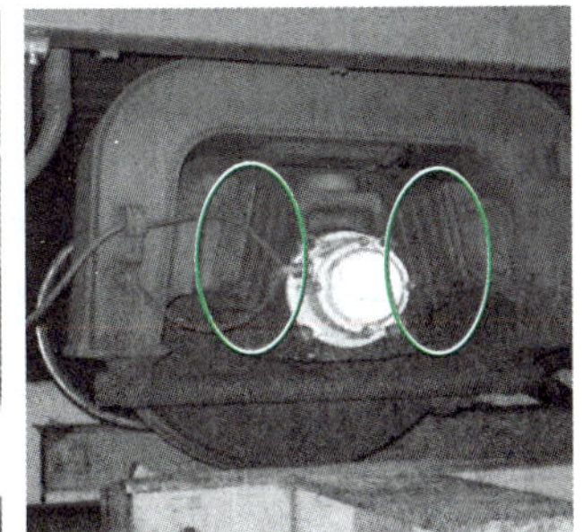

（c）人字形橡胶弹簧

图 4-18　轴箱弹簧

拓展阅读

弹簧的特性

弹簧的特性主要用挠度、刚度和柔度来衡量。其中，挠度是指在外力作用下弹簧产生的弹性变形的大小或弹性位移量；刚度是指弹簧产生单位挠度所需的力的大小；柔度是指弹簧在单位载荷下产生的挠度。

为了改善弹簧特性，满足安装位置及空间大小的需要，车辆常采用组合弹簧。弹簧的组合方式有并联、串联、串并联三种，如图 4-19 所示。

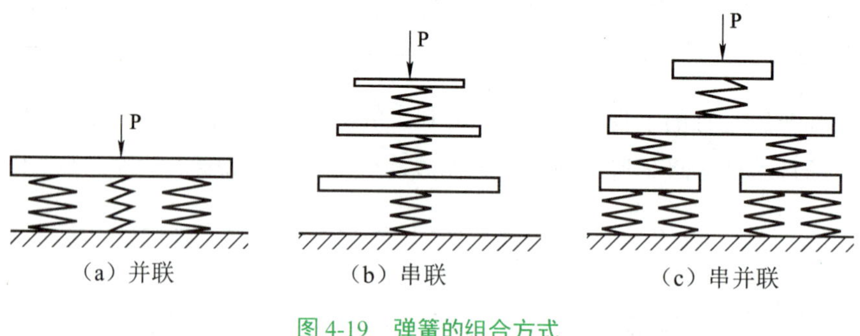

图 4-19　弹簧的组合方式

2．减振器

减振器按阻力特性的不同可分为常阻力减振器和变阻力减振器；按安装位置的不同可分为轴箱减振器和中央减振器；按减振方向的不同可分为垂向减振器、横向减振器和纵向减振器；按结构特点的不同又可分为摩擦减振器和液压（又称油压）减振器。

城轨车辆一般都使用液压减振器，如 KONI 系列减振器、SACHS 系列减振器等。减振器的工作原理是车体振动时，带动活塞上下运动，驱动油液流经节流阀节流，产生减振阻力，将系统振动机械能转化为油液热能而散失，从而达到减振的目的。

想一想

城轨车辆为什么要用减振器？

提示：车辆运行是否平稳非常重要：若车辆振动太大，不但会使乘客感到不舒服，而且还会加速车辆零部件的磨损和疲劳破坏，影响弹簧和轴承的使用寿命。因此，城轨车辆一般都使用减振器，以提高车辆舒适度，保证车辆安全。

二、二系悬挂装置

二系悬挂装置又称中央悬挂装置，设置在构架与车体之间，由空气弹簧、差压阀、高度控制阀等组成，如图 4-20 所示。

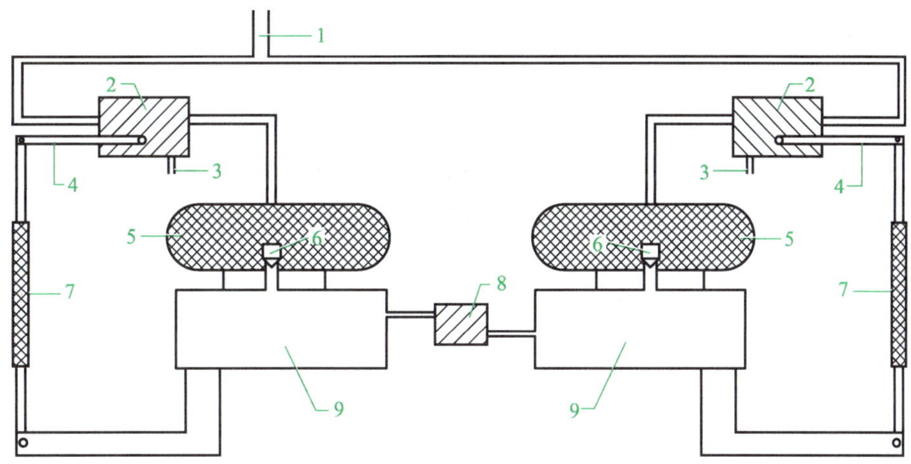

1—供风管；2—高度控制阀；3—排气口；4—高度调整杠杆；5—空气弹簧；
6—节流孔（阀）；7—高度调整连杆；8—差压阀；9—附加空气室。

图 4-20　二系悬挂装置

1．空气弹簧

现代城轨车辆转向架的二系悬挂装置普遍采用空气弹簧。与金属弹簧相比，空气弹簧具有质量小、舒适性好、耐疲劳、使用寿命长等优点，同时还具有减振和消音的作用。

空气弹簧（见图 4-21）是一种减振橡胶制品，内部可充压缩空气，位于构架的侧梁上，左右两侧各一个。它可直接支撑车体或通过摇枕支撑车体，并允许转向架相对车体做回转运动。空气弹簧主要由气囊和紧急弹簧组成，每个气囊串联一个紧急弹簧。当气囊泄气时，紧急弹簧可以维持车辆继续运行，但会降低乘坐舒适度。

图 4-21　空气弹簧

空气弹簧可分为囊式空气弹簧和膜式空气弹簧。目前应用较多的是膜式空气弹簧，它又可分为约束膜式空气弹簧和自由膜式空气弹簧。

约束膜式空气弹簧（见图 4-22（a））由内筒、外筒和橡胶囊组成，其刚度小，振动频率低，弹性特性可通过内、外筒的形状来控制，但工作状况复杂，耐久性差。

自由膜式空气弹簧（见图 4-22（b））由于没有约束橡胶囊的内、外筒，可减轻橡胶囊的磨耗，延长使用寿命。由于这种弹簧质量轻，且其弹性可通过改变上盖边缘的包角加以调整，可使弹簧具有良好的负载性，因此广泛应用于城轨车辆的转向架中。

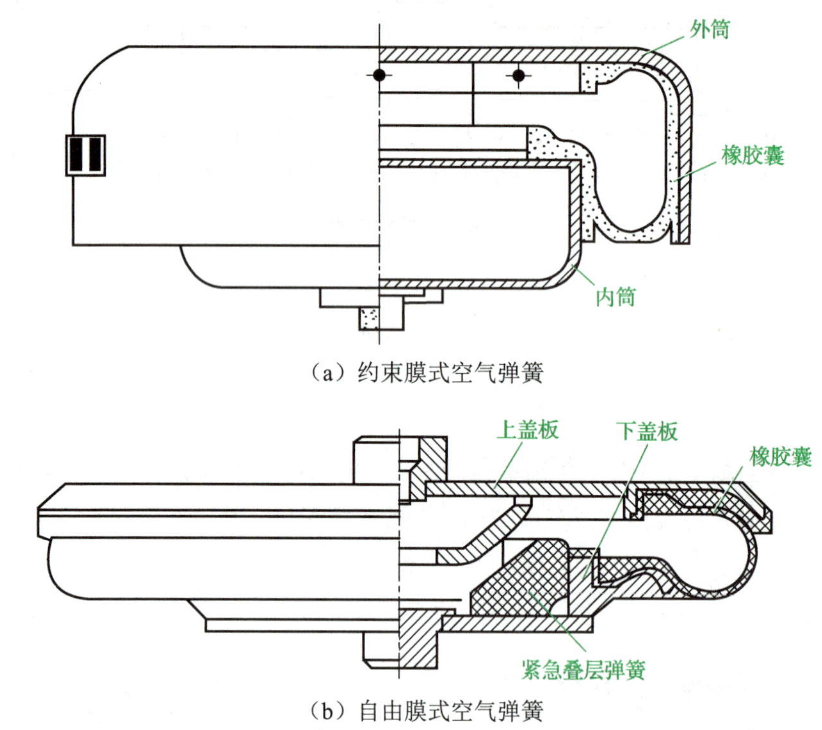

（a）约束膜式空气弹簧

（b）自由膜式空气弹簧

图 4-22　不同类型的膜式空气弹簧

2. 差压阀

差压阀的工作原理如图 4-23 所示。当差压阀左右两侧的空气弹簧压差小于某一定值时，左右两个阀门都处于关闭状态，两个空气弹簧也不相通。当左边空气弹簧的压力增高至压差超过该定值时，右阀门的空气弹簧就会受到压缩，右阀门打开，空气从左边流向右边。反之，当右边空气弹簧压力增高至压差超过该定值时，左阀门的空气弹簧就会受到压缩，左阀门打开，空气从右边流向左边。

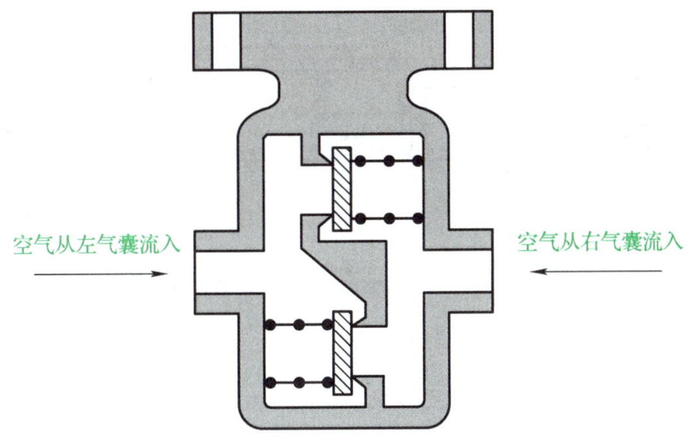

图 4-23　差压阀的工作原理

地铁播报

选择差压阀时，应注意以下几点。

（1）在转向架左右两侧载荷基本相同的条件下，差压阀的压差值应大于车辆正常运行时由车辆振动所引起的空气弹簧内的压力变化值。

（2）差压阀的压差值应高于车辆在曲线（包括过渡曲线）运行时，仅由于车体两侧的载荷变化而使左右两个空气弹簧内压变化的压差值。

（3）在满足上述两个要求的情况下，应尽量取较小的压差值，使各空气弹簧的承载不会发生过度的不均衡，以提高车辆运行的平稳性和抗脱轨性。

3．高度控制阀

高度控制阀是弹性悬挂装置中的一个重要组成部件，位于转向架中间（1 个）或构架两侧（2 个），由阀体（见图 4-24）、连杆等组成。

图 4-24　阀　体

高度控制阀通过调节气囊内的压缩空气，使车体在不同载荷下都能与轨面保持一定高度，其工作原理如图 4-25 所示。

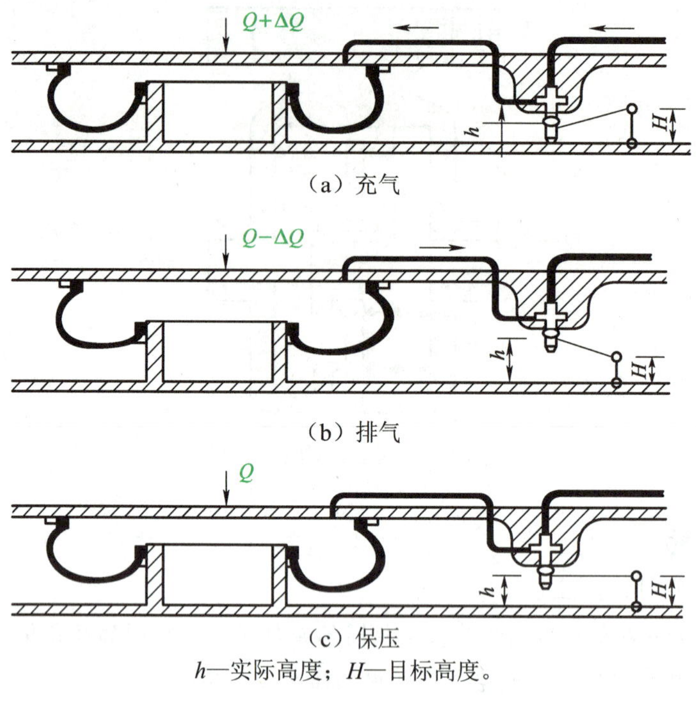

h—实际高度；H—目标高度。

图 4-25 高度控制阀的工作原理

（1）充气。当车体载荷增加时，车体高度下降，空气弹簧压缩，高度控制阀随之下降，连杆上移，进气通道开启，空气进入空气弹簧。车体升高后，高度控制阀水平杆趋于保压位置，进气通道关闭。

（2）排气。当车体载荷减少时，车体高度上升，空气弹簧拉伸，高度控制阀随之上升，连杆下移，排气通道开启，空气弹簧内的空气排出。车体下降后，高度控制阀水平杆趋于保压位置，排气通道关闭。

（3）保压。当车体载荷正常时，进排气通道关闭，无空气进出，车体高度保持不变。

地铁播报

高度控制阀只能用来补偿车辆载荷的变化，而不能用于补偿构架、车轮等零件的磨损。

三、其他减振装置

在转向架中，除一系悬挂装置和二系悬挂装置外，抗侧滚扭杆也可起到减振的作用。

抗侧滚扭杆由扭杆、扭臂和垂向连接杆等组成，如图 4-26 所示。其中，扭杆是一根具有一定扭转刚度的弹簧杆，横贯于构架中，且两端装有扭臂。扭臂通过垂向连接杆与车体或构架连接。

（a）实物图

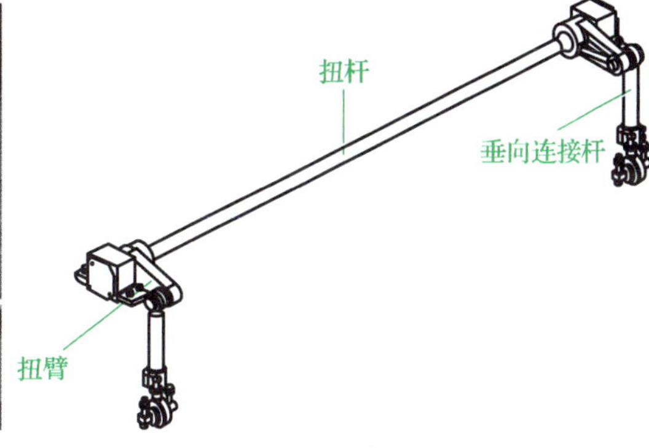

（b）示意图

图 4-26　抗侧滚扭杆

抗侧滚扭杆的主要作用是控制车辆运行时的侧向滚动。当车体受到离心力、侧向力和偏载等因素影响时，车体两侧容易出现相对转向架的高度差，从而导致车体有相对于转向架发生侧向滚动的倾向。此时，抗侧滚扭杆一侧的垂向连接杆就会向下移动，另一侧向上移动。这种上下移动会通过扭臂使扭杆变形，扭杆变形产生的复原弹力反作用于车辆，从而缓冲车体的侧向滚动倾向，使车辆正常运行。

班级：　　　　　　　　组员：

将全班学生进行分组，每4～6人为一组，利用本任务学到的知识，具体选定某种类型的城轨车辆，对其转向架的弹性悬挂装置进行分析，并做成分析报告。

参考案例

下面以青岛地铁2号线的转向架为例，分析其弹性悬挂装置的结构特点。

1．一系悬挂装置

一系悬挂装置采用圆锥形橡胶弹簧和液压减振器。圆锥形橡胶弹簧能够减小车轮和钢轨的磨耗、转向架的摆动及运行噪声，其使用寿命约为8年。液压减振器用来阻尼车辆的横向振动，空气弹簧中的阻尼节流孔用来阻尼车辆的垂向振动。阻尼参数的选择应满足运行平稳性（舒适度）的要求。

2．二系悬挂装置

二系悬挂装置位于构架与车体之间，包括空气弹簧、高度控制阀、差压阀、液压减振器、横向止挡、防过冲安全钢丝绳、高度调整连杆等。此外，二系悬挂装置在高度阀座和钢丝绳座靠近受流器的位置还装有绝缘防护罩。

空气弹簧内设有橡胶弹簧止挡，转向架两侧的空气弹簧通过差压阀连接。当任一空气弹簧失去压力时，该转向架的另一空气弹簧将立即放气，以保证列车限界安全。

转向架在悬挂系统中设置横向止挡，用来限制车体的横向摆动。横向止挡使用弹性橡胶堆，并有不少于15 mm的压缩量，同时具有适当的弹性以满足运行平稳性（舒适度）的要求。

分析报告

任务五　中央牵引装置

任务引入

2017年5月25日，长客股份公司收到重庆单轨2号线车辆转向架中央牵引装置异响的问题反馈，与轨道公司一起对存在异响的中央牵引装置进行了分解检查。经检查，检修人员确认中央牵引装置异响是由牵引橡胶堆定位导柱及中心销座导柱安装孔的严重磨耗导致的。

思考：中央牵引装置对转向架的性能十分重要，其结构是怎样的？

一、中央牵引装置的作用

（1）连接车体与转向架。

（2）传递纵向的牵引力和制动力。

（3）当车辆通过曲线时为车体和转向架的相对运动提供转动中心。

二、中央牵引装置的组成

每台转向架设有一套中央牵引装置。中央牵引装置位于转向架的中央，主要由中心销、牵引梁、牵引拉杆、横向止挡等部件组成，如图4-27所示。

1. 中心销

中心销的上端通过螺栓与车体枕梁连接；下端插入牵引梁孔内，通过中心销套与牵引梁连接。

2. 牵引梁

牵引梁通过中心销套与中心销连接。

3. 牵引拉杆

每套中央牵引装置一般有两个牵引拉杆（见图4-28），呈“Z”形布置，其两端为弹性橡胶节点。牵引拉杆的一端与构架相连，另一端与牵引梁相连。

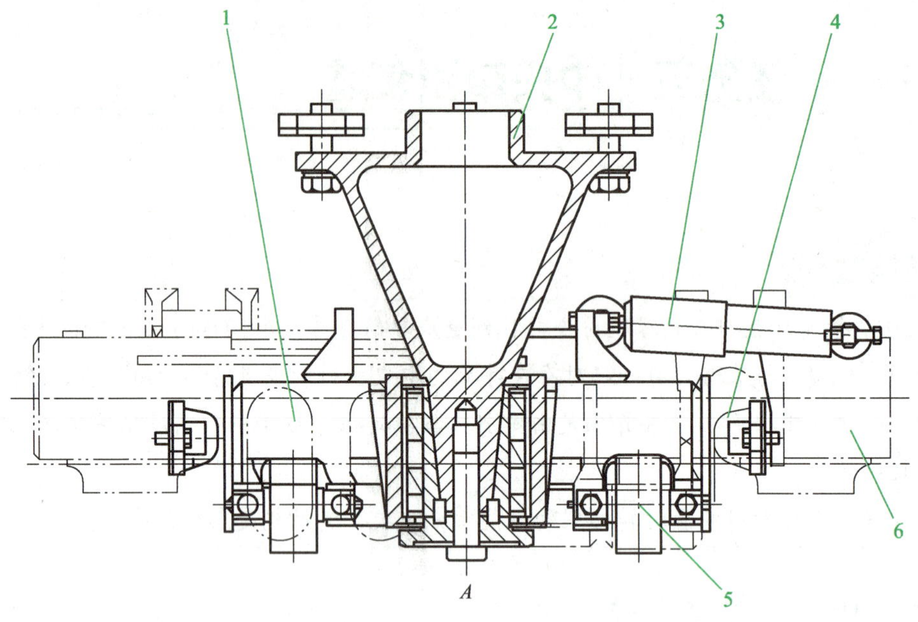

1—牵引梁；2—中心销；3—横向减振器；4—横向止挡；5—牵引拉杆；6—构架。

图 4-27　中央牵引装置的组成

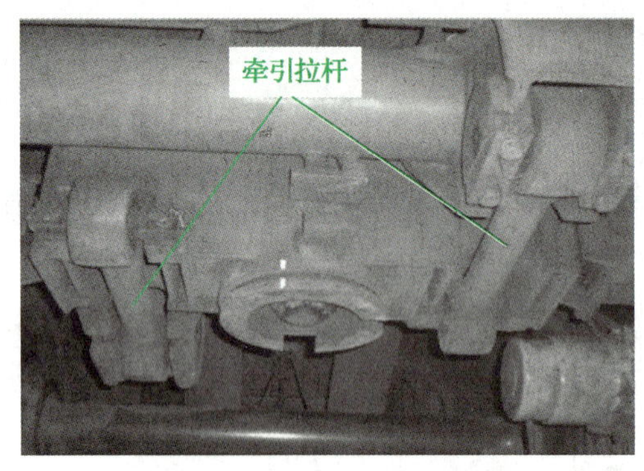

图 4-28　牵引拉杆

4．横向止挡

横向止挡（见图 4-29）采用弹性橡胶堆，安装在构架的纵梁上。它的主要作用是限制车辆的横向摆动。当车辆发生一定的横向位移时，横向止挡可限制车体和转向架产生过量的横向位移。这不但能提高车辆运行的平稳性和乘坐的舒适性，还能保证车辆满足限界的要求。

图 4-29 横向止挡

拓展阅读

中央牵引装置形式多样，如双拉杆式、单拉杆式等。图 4-30（a）为广州地铁 1 号线车辆采用的双拉杆式中央牵引装置，图 4-30（b）为广州地铁 2 号线车辆采用的单拉杆式中央牵引装置。与广州地铁 1 号线车辆相比，2 号线车辆的中央牵引装置结构更加简单，其带有橡胶关节的牵引连接杆可直接与中心销连接，无中心销座和复合弹簧等，便于转向架的拆装。

（a）双拉杆式中央牵引装置

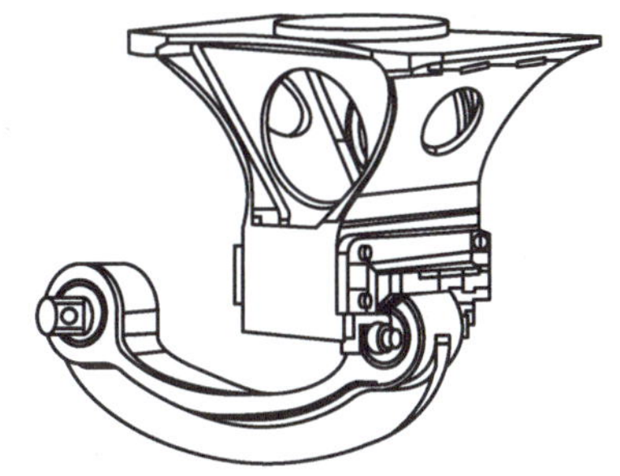

（b）单拉杆式中央牵引装置

图 4-30 不同形式的中央牵引装置

班级：　　　　　　　　组员：

将全班学生进行分组，每 4～6 人为一组，利用本任务学到的知识，具体选定某种类型的城轨车辆，对其转向架的中央牵引装置进行分析，并做成分析报告。

参考案例

下面以青岛地铁 2 号线车辆的转向架为例，分析其中央牵引装置的结构特点。

每台转向架设有一套中央牵引装置，它包括中心销、中心销座、牵引梁、牵引拉杆等部件。中央牵引装置不仅承担列车牵引力及制动力，还承担横向力（通过侧挡），并通过牵引梁与构架间的垂向止挡来限制车体与转向架的非正常垂向位移。

中心销的上端通过定位柱和螺栓固定在车体的枕梁中心，下端通过弹性中心销套与牵引梁连接在一起。牵引梁和构架之间通过两个呈“Z”形布置的牵引拉杆连接，实现了无间隙弹性牵引。中心销套的橡胶扭转变形还可以满足车体和转向架之间的相对转动。

分析报告

任务六　驱动装置

任务引入

为确保轨道交通 3 号线列车齿轮箱的正常运行，同时提高齿轮箱的工作状态和使用寿命，某检修车间于 9 月初开始进行齿轮箱换油工作，并于 10 月底正式完成了全线 464 个齿轮箱的换油工作。

由于 3 号线列车上线率较高，每日可供作业车辆较紧张，而列车齿轮箱换油作业涉及作业周期长、工作时间紧等问题，为了确保换油工作顺利进行，检修车间安排本次换油工作与月修作业同步进行，并制定了规范有序的工作方案、完备的安全组织措施和技术措施。在作业过程中，检修车间员工对换油工作中旧油排放、齿轮箱冲洗、新油加注、旧油收集等环节严格把控，仔细检查各齿轮箱状态，及时排除安全隐患，并做好记录。

思考：齿轮箱位于车辆的哪个部位，有什么作用？

一、驱动装置的设计要求

驱动装置是动车转向架的重要部件之一，主要用于将牵引电动机的转矩转化为轮对的转矩，利用轮轨的黏着机理，驱使车辆沿钢轨运行。驱动装置在设计时应满足以下几点要求。

（1）应使牵引电动机的功率得到有效发挥。

（2）牵引电动机应尽量与车轴在同一高度上，以减少线路不平顺对齿轮的作用力。

（3）应具有简单可靠的结构，磨耗件要尽可能少。

（4）当牵引电动机发生损坏时，应易于拆卸。

二、驱动装置的组成

驱动装置仅适用于动车转向架。每台动车转向架设有两套驱动装置，各与一个轮对轴箱装置连接。驱动装置主要由牵引电动机、齿轮箱和联轴器等组成，如图 4-31 所示。

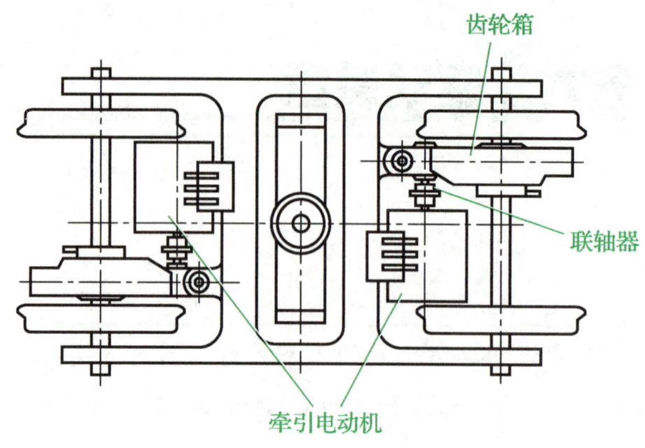

图 4-31　驱动装置的组成

1. 牵引电动机

每台动车转向架均装有两台牵引电动机。它们通常采用架悬式安装，即牵引电动机整体悬挂在转向架的构架上，不再直接与车轴发生联系。

2. 齿轮箱

齿轮箱通过轴承穿过车轴，并悬挂在构架横梁上。齿轮箱内装有小齿轮和大齿轮，小齿轮可以通过大齿轮带动车轮运动。

3. 联轴器

联轴器用于连接牵引电动机和齿轮箱，可将牵引电动机的转矩传递给齿轮箱，从而驱动车辆运行。

班级：　　　　　　　　组员：

将全班学生进行分组，每4~6人为一组，利用本任务学到的知识，具体选定某种类型的城轨车辆，对其转向架的驱动装置进行分析，并做成分析报告。

参考案例

下面以青岛地铁2号线车辆的转向架为例，分析其驱动装置的结构特点。

牵引电动机通过定位键和四个安装螺栓架悬式安装在构架的电动机安装座上。齿轮箱为平行轴式齿轮箱，其箱体的一端通过轴承安装于车轴上，另一端弹性地吊装于构架的横梁上。在构架和齿轮箱间还设有安全托装置，用来防止齿轮箱吊杆发生故障时齿轮箱脱落。

分析报告

128

活页作业 4

班级：　　　　　　　　姓名：　　　　　　　　学号：

1. 填空题

（1）按车轴数目的不同，转向架可分为____________、____________和____________。

（2）弹性悬挂装置，又称为____________，主要由弹性元件和减振器组成。

（3）按制造工艺的不同，构架可分为____________和____________。

（4）____________是指由一根车轴和两根同型号的车轮通过过盈配合组装而成的装置。

（5）城轨车辆转向架的车轴一般为实心轴，包括____________、____________、____________、____________和____________等。

（6）按滚动体形状的不同，滚动轴承可分为____________、____________和____________。

（7）根据安装位置的不同，减振器可分为____________和____________。

（8）抗侧滚扭杆由____________、____________和____________等组成。

（9）牵引电动机通常采用____________安装，即牵引电动机整体悬挂在转向架的构架上，不再直接与车轴发生联系。

2. 判断题

（1）转向架上装有弹簧减振装置，可以缓和不平顺的轨道、道岔、弯道等对车辆造成的冲击力，以确保车辆运行平稳，提高乘坐舒适度。（　　）

（2）地铁车辆常采用铰接式转向架，而轻轨车辆常采用有心盘转向架。（　　）

（3）构架的尺寸应满足精度要求，以保证转向架的其他组成部分在构架上的正确安装。（　　）

（4）构架侧梁采用中空结构，可作为空气弹簧的附加空气室，提高构架强度。（　　）

（5）动车转向架和拖车转向架的构架主干部分基本相同，可以进行互换。（　　）

（6）磨耗型踏面是指踏面一开始就做成类似磨耗后的稳定形状的踏面，可减少磨耗量，延长车轮使用寿命，地铁车辆车轮普遍采用此类踏面。（　　）

（7）二系悬挂装置设置在构架与轴箱之间，由空气弹簧及其附件、减振器和抗侧滚扭杆等组成。（　　）

（8）每套中央牵引装置一般有两个牵引拉杆，呈“Z”形布置，其两端为弹性橡胶节点。（　　）

（9）每台动车转向架设有一套驱动装置，其主要由牵引电动机、联轴器和齿轮箱等组成。（　　）

3. 简答题

（1）简述转向架的作用和组成。

（2）简述轮对装置的设计要求。

（3）为什么地铁车辆车轮普遍采用磨耗型踏面？

（4）试述高度控制阀的工作原理。

（5）简述驱动装置的设计要求及其组成。

项目五

城轨车辆连接装置

① 项目导读

城轨车辆连接装置包括车钩缓冲装置和贯通道装置两部分，它们不仅可以实现列车相邻车辆之间的连接和纵向力的传递，还可以保障车辆在较高速度下意外碰撞时不受损坏。

本项目主要介绍车钩缓冲装置和贯通道装置的作用、各部件结构及工作原理等，可以让学生对此有清晰的认识和了解。

② 知识目标

（1）掌握车钩缓冲装置的作用及基本要求。

（2）掌握不同类型的车钩及其组成。

（3）掌握层叠式橡胶缓冲器的工作原理。

（4）掌握贯通道装置的作用及其组成。

③ 能力目标

（1）能够识别城轨车辆连接装置。

（2）能够识别车钩缓冲装置各部件。

（3）能够识别贯通道装置各部件。

④ 素质目标

城轨车辆连接装置犹如列车的“关节”，为整个列车缓冲和传递冲击力，默默无闻，却坚实有力。当代大学生要增强服务意识和安全意识，树立爱岗敬业精神，做乘客和列车间的“关节”，为安全运营贡献力量。

任务一 车钩缓冲装置

某日，行调指令基地内 1314 车出库连挂故障车——2526 车，两车连挂时，因列车处于小半径曲线位置，车钩对位不正，连挂失败，车钩发生碰撞。此次事故造成 2526 车的防爬器受到轻微擦伤，车头右侧的导流罩损坏。

此次事故的主要原因是编制技术文本时考虑不充分，未明确“小曲率半径连挂作业要求”。两车连挂时的曲线半径为 150 m，但是根据车钩连挂的规定，列车连挂时的最小曲线半径不得小于 300 m。

思考：车钩连挂的原理是什么？如何正确实现两车连挂？

车钩缓冲装置包括车钩、缓冲器及其附属装置。它可以有效提高乘客乘坐的舒适性，在城轨车辆中发挥了重要作用。下面主要介绍车钩缓冲装置的作用、基本要求及其组成部件。

一、车钩缓冲装置的作用及基本要求

1. 车钩缓冲装置的作用

（1）实现各车辆之间的机械连接，使彼此之间保持一定的距离。

（2）传递、缓和列车在运行中或调车时所产生的纵向力或冲击力，以保障车辆不受损坏。

（3）实现各车辆之间的电路和气路连接。

2. 车钩缓冲装置的基本要求

（1）应便于连挂和解钩，能快速实现车辆之间的机械和电气连接。

（2）具有足够的强度，能承受并传递纵向力或冲击力。

（3）保持一定的车钩高。

（4）具有因振动而自动脱钩的防跳功能。

（5）具有吸能保护功能，在列车发生超过允许连挂速度的冲撞时，能保障车辆不受损坏。

二、车钩

1. 车钩的分类

1）按连接特点分类

按连接特点的不同，车钩可分为非密接式车钩和密接式车钩。

非密接式车钩又称为非刚性车钩，车钩间隙远大于 3 mm。非密接式车钩允许两个相连的车钩钩体在垂直方向上有相对位移。当两个车钩的纵轴线存在高度差时，两车钩呈阶梯状，如图 5-1 所示。

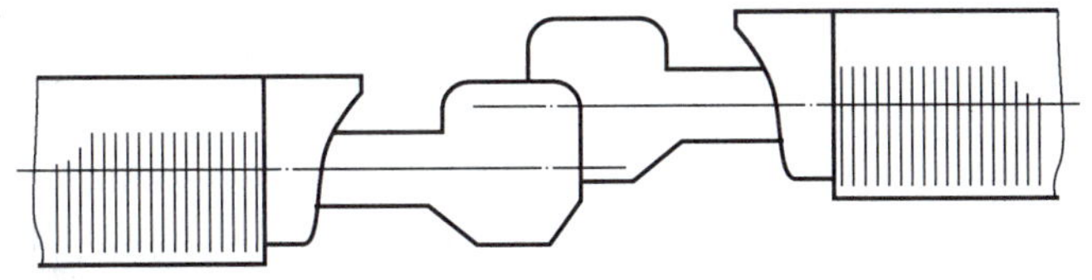

图 5-1 非密接式车钩

密接式车钩又称为刚性车钩，车钩间隙一般在 3 mm 以下。密接式车钩不允许两个相连的车钩钩体在垂直方向上有相对位移。若两车钩在连挂前纵轴线高度已有偏差，则两车钩在连挂后轴线处在同一条直线上且呈倾斜状态，钩体尾端完全相接，如图 5-2 所示。

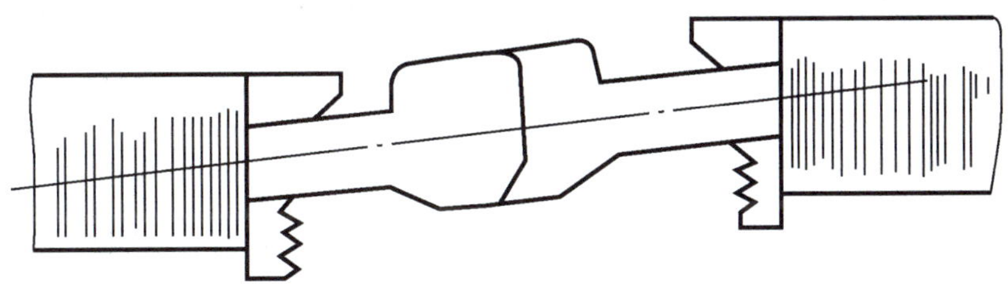

图 5-2 密接式车钩

与非密接式车钩相比，密接式车钩具有如下优点：连接间隙小、磨耗小，降低了纵向力；改善了车钩的工作条件；降低了车钩因冲击而产生的噪声；避免了发生事故时出现后一车辆爬到前一车辆上的危险情况。因此，密接式车钩在城轨车辆上得到了广泛应用。

2）按连接方式分类

按连接方式的不同，车钩可分为全自动车钩、半自动车钩和半永久牵引杆。

（1）全自动车钩。全自动车钩（见图 5-3）位于列车端部，电路和气路等连接装置都组装在全自动车钩上，可实现机械、电路和气路完全自动连接和解钩。解钩后，全自动车钩处于待挂状态，电气连接器通过盖板自动关闭，风管连接器也自动关闭。

（2）半自动车钩。半自动车钩（见图 5-4）一般设置在两编组单元之间，有时也设置在列车端部。半自动车钩的连接方式与全自动车钩相同，可实现机械、气路的完全自动连

接和解钩，但电路必须靠人工连接和解钩，以方便检修作业。在半自动车钩上设有贯通道支撑座，用于支撑贯通道装置。

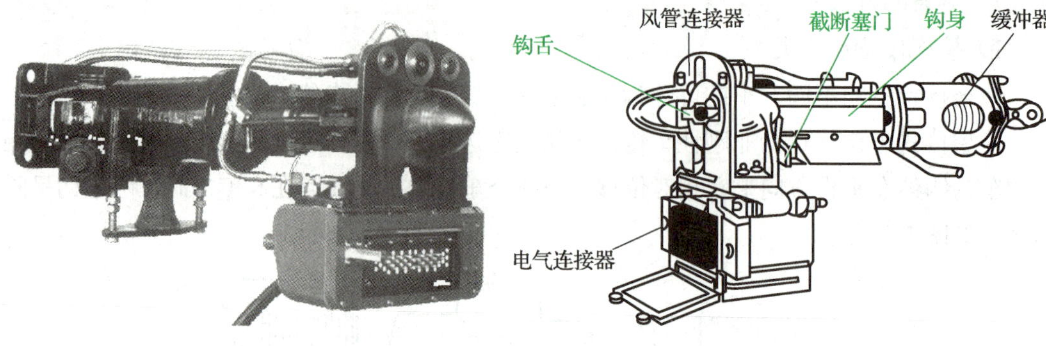

图 5-3　全自动车钩

图 5-4　半自动车钩

（3）半永久牵引杆。半永久牵引杆（见图 5-5）又称半永久车钩，用于同一编组单元内车辆的连接，其机械、电路和气路的连接和解钩都需要人工操作，且通常只在架修等作业时才分解。采用半永久牵引杆连接两车时，连接间隙小，纵向运动和转动也很小。这种连接方式可使列车出轨时仍能保持车辆之间的相对位置，防止车辆重叠和颠覆，减少列车启动和制动时的冲击。在半永久牵引杆上设有贯通道支撑座，用于支撑贯通道装置。

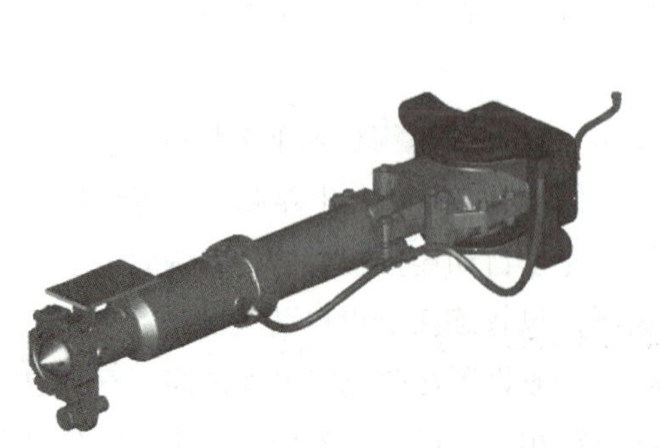

图 5-5　半永久牵引杆

拓展阅读

半永久牵引杆只是将两车的连接方式由车钩连接改为牵引杆连接，牵引杆两端直接与两个缓冲器相连，同时取消了气路和电路的连接。半永久牵引杆缓冲装置，如图 5-6 所示。

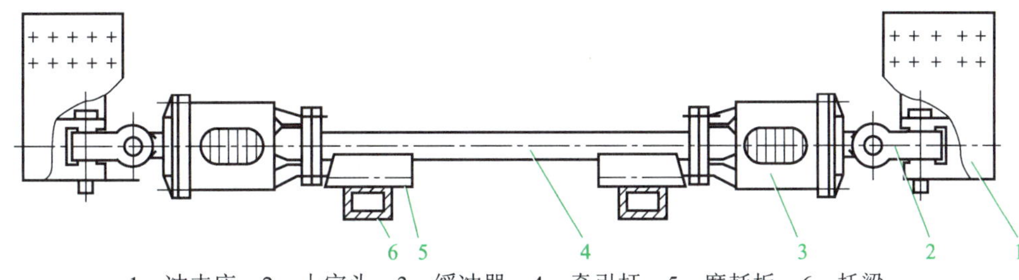

1—冲击座；2—十字头；3—缓冲器；4—牵引杆；5—磨耗板；6—托梁。

图 5-6 半永久牵引杆缓冲装置

地铁播报

一般列车上都有上述三类车钩，但根据每种类型车钩的连挂特点不同，它们在列车上的布置位置会有所不同。

2. 车钩的组成及工作原理

我国城轨车辆主要采用两种车钩：国产密接式车钩和 Scharfenberg 密接式车钩。下面具体介绍这两种车钩的组成及工作原理。

车钩的组成及工作原理

1）国产密接式车钩

国产密接式车钩由钩头、钩舌（半圆形）、解钩杆、弹簧和解钩风缸等组成。它有待挂、连挂和解钩三种状态，如图 5-7 所示。

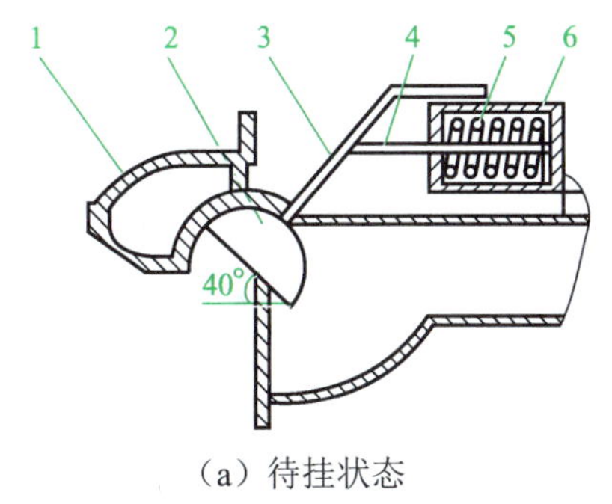

（a）待挂状态

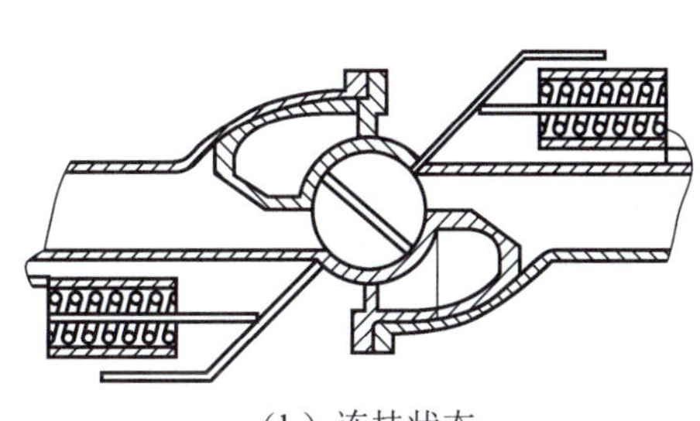

（b）连挂状态

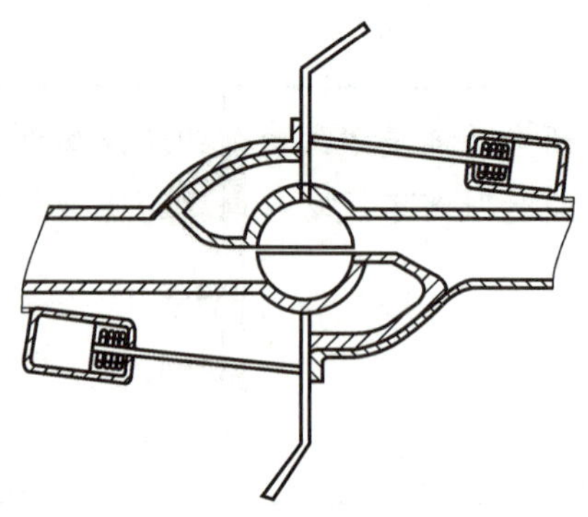

（c）解钩状态

1—钩头；2—钩舌；3—解钩杆；4—活塞杆；5—弹簧；6—解钩风缸。

图 5-7　国产密接式车钩的三种状态

（1）待挂状态。待挂状态为车钩连挂前的准备状态，此时钩舌定位杆被固定在待挂位置，解钩风缸的活塞杆处于回缩状态，钩舌的连接面与水平面呈 40°。

（2）连挂状态。两车钩连挂时，一个车钩的凸锥插入另一个车钩的凹锥孔中。此时凸锥的内侧面压迫对方的钩舌转动，解钩风缸内的弹簧随之受压，钩舌沿逆时针方向旋转 40°。当两车钩连接面相接触后，凸锥的内侧面不再压迫对方的钩舌，此时在弹簧的作用下钩舌恢复到原始状态，即处于闭锁位置。

（3）解钩状态。司机操纵解钩阀，使两车钩自动分解，压缩空气由总风管进入前车（或后车）的解钩风缸中，同时经解钩风管连接器进入后车（或前车）的解钩风缸中，活塞杆向前推并带动解钩杆，使钩舌转动至开锁位置，此时两车钩即可解开。两车钩分解后，解钩风缸中的压缩空气迅速排出，弹簧得以复原，并带动钩舌按顺时针方向转动 40°，使钩舌恢复到原始状态，为下次连挂做准备。若手动解钩，则只需要人工扳动解钩杆，使钩舌转动至开锁位置即可。

2）Scharfenberg 密接式车钩

Scharfenberg 密接式车钩由弹簧、钩锁杆、钩舌、钩头壳体、解钩杆、解钩风缸等组成。它也有待挂、连挂和解钩三种状态，如图 5-8 所示。

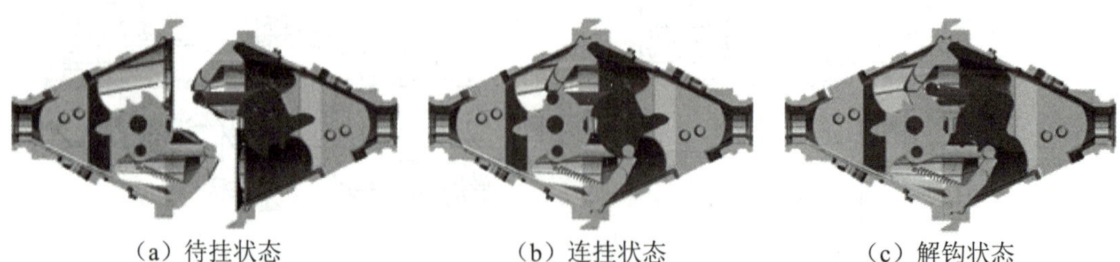

（a）待挂状态　　（b）连挂状态　　（c）解钩状态

图 5-8　Scharfenberg 密接式车钩的三种状态

（1）待挂状态。待挂状态为车钩连挂前的准备状态，此时钩头中的钩锁杆轴线平行于车钩的轴线，钩锁杆中心销与钩舌中心销的连接线垂直于车钩的轴线，弹簧处于松弛状态。

（2）连挂状态。两车钩相互接近并碰撞时，向前伸出的钩锁杆受到对方钩舌的阻碍，推动己方钩舌按顺时针方向转动，直至钩锁杆克服弹簧的拉力作用，滑入对方的钩嘴中，并推动钩舌按逆时针方向返回原始位置。此时两车钩无间隙地彼此连接，处于闭锁状态。

（3）解钩状态。

① 气动解钩：司机操纵解钩阀解钩，此时压缩空气经过解钩管充入钩头中的解钩风缸中，推动活塞向前运动，并压迫在解钩杆的滚子上，两钩舌同时被推到解钩位置。解钩排气后，解钩风缸中受拉弹簧使活塞返回原始位置。

② 手动解钩：通过拉动钩头一侧的解钩手柄，经钢丝绳、杠杆和解钩杆使两钩的钩舌转动，直至钩锁杆脱出钩舌，两车钩分开。

三、缓冲器

缓冲器包括层叠式橡胶缓冲器、环形弹簧缓冲器、环形橡胶缓冲器、弹性胶泥缓冲器、可压溃变形管等。下面以层叠式橡胶缓冲器和可压溃变形管为例介绍缓冲器的工作原理。

1. 层叠式橡胶缓冲器

层叠式橡胶缓冲器的结构如图 5-9 所示。其工作原理是当车辆受到压缩载荷作用时，缓冲器体和牵引杆受压，力的传递方向依次为牵引杆→后从板→橡胶金属片→前从板→缓冲器的前端，进而起到缓冲作用；当车辆受到牵引载荷作用时，缓冲器体和牵引杆受拉，力的传递方向依次为牵引杆上的滑套→前从板→橡胶金属片→后从板→缓冲器后盖，进而起到缓冲作用。

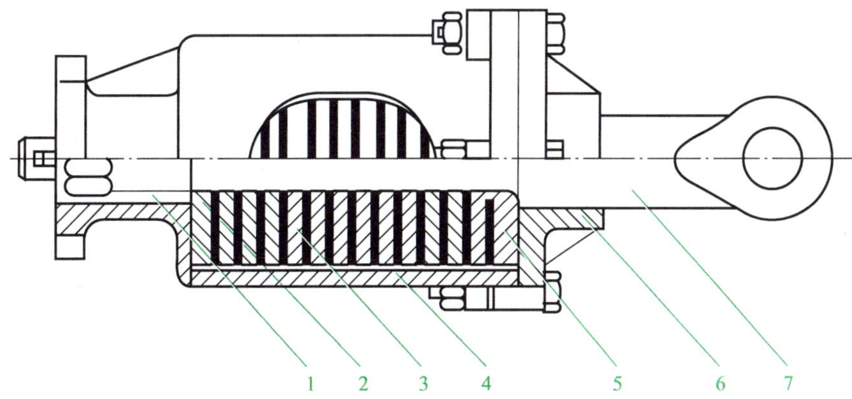

1—滑套；2—前从板；3—橡胶金属片；4—缓冲器体；5—后从板；6—缓冲器后盖；7—牵引杆。

图 5-9　层叠式橡胶缓冲器的结构

2．可压溃变形管

可压溃变形管属于不可复原的能量吸收装置，用以吸收车辆受到冲击时产生的机械能。当车钩所受到的冲击力超过层叠式橡胶缓冲器等其他缓冲器所能承受的力时，装在牵引杆上的可压溃变形管就会受到挤压而将冲击力转化为变形力，起到保护车辆的作用，如图 5-10 所示。当吸收的冲击力超过可压溃变形管所能承受的变形力时，可压溃变形管将产生永久变形，此时必须进行更换。

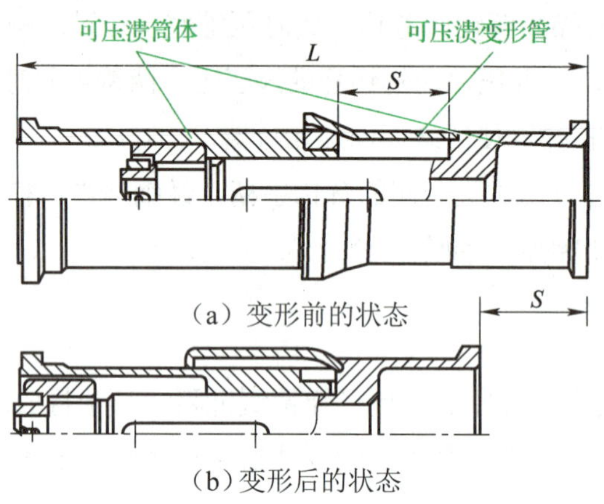

（a）变形前的状态

（b）变形后的状态

图 5-10　可压溃变形管变形前、后的状态

四、附属装置

除车钩和缓冲器之外，车钩缓冲装置还有一些附属装置，如风管连接器、电气连接器和车钩对中装置等。

1．风管连接器

风管连接器由总风管、制动风管、解钩风管组成，装于钩头锥体上、下侧，用来连接车辆间的气路。当车钩处于连挂状态时，风管连接器各管路应保证不漏气，同时不能影响解钩工作。

2．电气连接器

电气连接器主要负责车辆连挂后电路的连接，一般安装在车钩的上方、下方或两侧，如图 5-11 所示。电气连接器主要应用于全自动车钩上。虽然不同车型的电气连接器有不同的结构形式，但是其作用和工作原理基本一致。

图 5-11　电气连接器的安装位置

电气连接器的结构如图 5-12 所示，它通过悬吊装置实现与车钩的弹性连接。当两车钩连挂时，箱体可收缩 3～4 mm，两车钩靠弹簧压力，保持良好的接触。触头上焊有银片，以减小电阻，银片与箱体弹性连接，弹簧压力使触头处于可伸缩状态，保持良好的接触，以保证电流畅通。箱体的一侧有定位销，对称侧有定位孔，两车钩连挂时定位销插入对应的定位孔中，以保证触头准确连接。解钩时，将箱盖盖好，以防止触头损坏。箱体内还设有接线板，使触头引线和车上引线相连；其后有电线孔，为防止电线磨损，孔壁上设有塑料套。

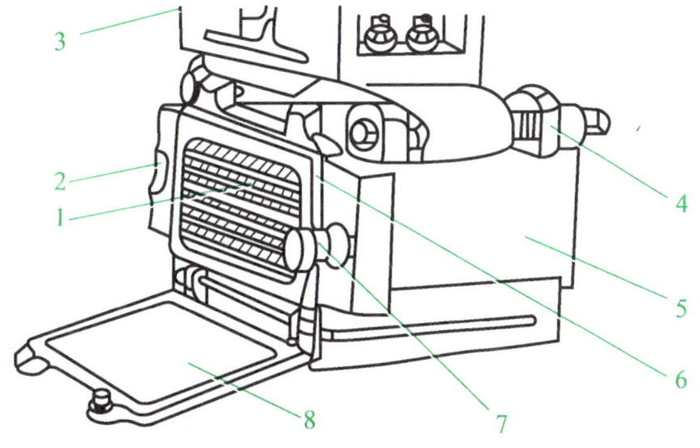

1—触头；2—定位孔；3—车钩；4—悬吊装置；5—箱体；6—密封条；7—定位销；8—箱盖。

图 5-12　电气连接器的结构

3．车钩对中装置

在缓冲器的尾部下方各设有一个对中气缸，它的活塞头部装有一个水平滚轮。当对中气缸充气活塞向外伸出时，水平滚轮能自动嵌入凸轮板的两个缺口内，车钩自动对中，从而使车钩缓冲装置和车体的中心线在同一平面内。

当车钩处于待挂状态时，对中气缸充气，使车钩自动对中；当车钩处于连挂状态时，对中气缸排气，使车钩自由转动，有利于列车过弯道。

班级：　　　　　　　　组员：

（1）将全班学生进行分组，每 4～6 人为一组，各组选出 1 名小组负责人，小组合作搜集、整理国产密接式车钩的相关材料，并将其制作成 PPT。

（2）小组负责人进行任务分配，包括哪些成员查找资料，哪些成员制作 PPT，哪些成员上台演讲展示等。

（3）老师组织各组在班内进行 PPT 演讲活动，各组按表 5-1 进行互评。

表 5-1　PPT 演讲活动评价表

评分标准	满分	实际得分	备注
内容贴切	20 分		
版式精美	20 分		
案例典型	20 分		
讲解流利、语速适中	25 分		
小组成员协作良好	15 分		
合计	100 分		

任务二　贯通道装置

任务引入

某日，小丽坐地铁去看一个艺术展，途经某站时意想不到的事情发生了。当时小丽正在两车厢的贯通道装置的踏板上看手机，由于列车到站后上下车的乘客较多，就侧身躲避人流，却不慎将手机掉在了地上。在列车的晃动下，手机顺势滑入贯通道装置的缝隙里。由于贯通道装置的缝隙很小，现场根本无法取出手机，因此心急如焚的小丽只能求助地铁工作人员。

地铁工作人员得知消息后，先对小丽进行了安抚，然后进行了技术讨论，认为小丽的手机可能卡在了贯通道装置内部，有完整取出的可能性。由于小丽无法回忆出准确的车次和掉落位置，检修基地的检修工人只能根据小丽的回忆和当日车次图，先拆开了一辆列车 3 节车厢的贯通道装置，结果一无所获。于是，检修工人又拆开了另一辆列车 4 节车厢的贯通道装置，最终完整取出了小丽的手机。

思考：城轨车辆的贯通道装置有什么作用？它是由哪些部件组成的？

贯通道装置也称为风挡装置（见图 5-13），是车辆上灵活可动的部分。由于它与乘客直接接触，因此其安全性、可靠性非常重要。

（a）内部

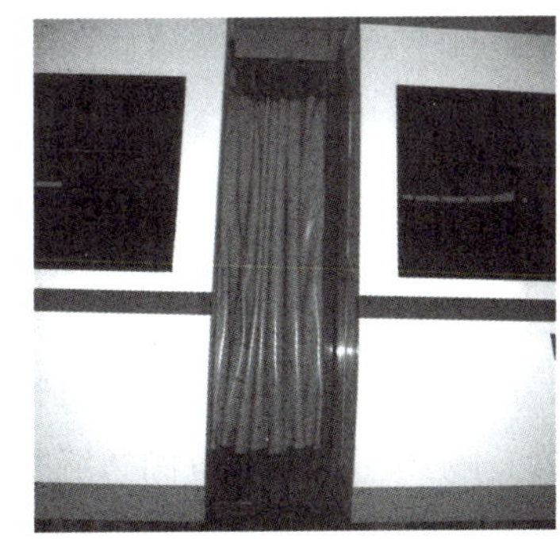

（b）外部

图 5-13　贯通道装置

一、贯通道装置的作用

（1）连接相邻两车辆。

（2）具有良好的防雨、防风、防尘、隔音、隔热等功能。

（3）为相邻两节车厢的乘客提供站立、通过的空间。

（4）为通过曲线轨道时的列车提供可恢复的变形能力。

地铁播报

贯通道装置是车厢之间的软连接部位，在列车运行时有可能出现狭小缝隙。乘客乘车时不要倚靠车厢贯通道装置，避免出现夹伤等情况。

二、贯通道装置的组成

贯通道装置主要由折棚、车体框、顶板、侧护板、踏板、渡板等组成，如图 5-14 所示。

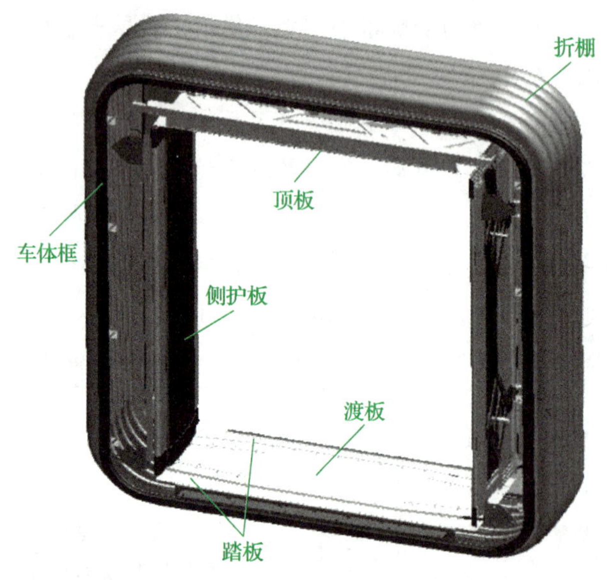

图 5-14　贯通道装置的组成

1．折棚

折棚包括棚布、端框及夹持棚布的面料框等，其具有密封性好、易于安装等优点。折棚由阻燃、高强度、耐老化的特制材料制成。棚布采用双层夹心结构，大大提高了贯通道装置的隔音、隔热性能。每折棚布缝制边缘用铝型材制成的中间框压夹，折棚端部与端框相连。

2．车体框

车体框包括框体和锁舌等，如图 5-15 所示。框体由钢板焊接而成，用螺钉固定于车体端部，与车体之间采用密封胶条进行密封。框体与折棚之间也采用密封胶条进行密封，密封胶条置于框体槽内。车体框上设置锁舌，可实现与折棚的快速连接与解锁。

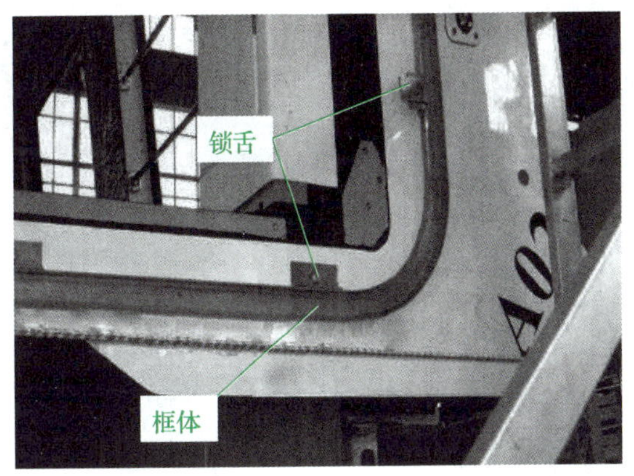

图 5-15　车体框

3．顶板

顶板包括中间护板、边护板、边梁和连杆机构等，如图 5-16 所示。中间护板和边护板通过连杆机构连接在边梁上，顶板通过顶板安装座（见图 5-17）安装在车体上。

由于顶板内侧的连杆机构为铰接式，具有一定的柔性，因此顶板可适应车辆运行中车端的位移变化。

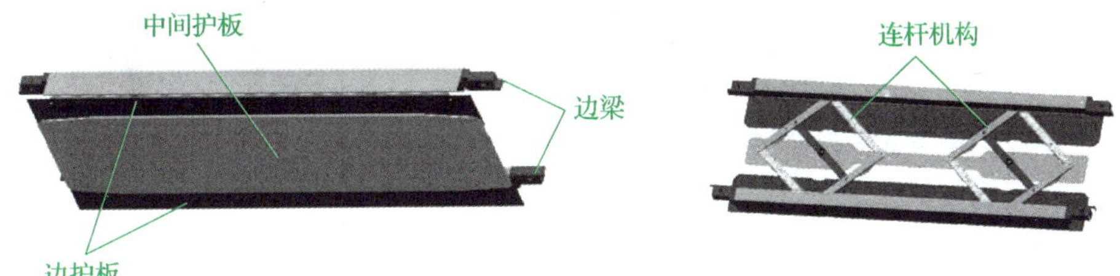

图 5-16　顶　板

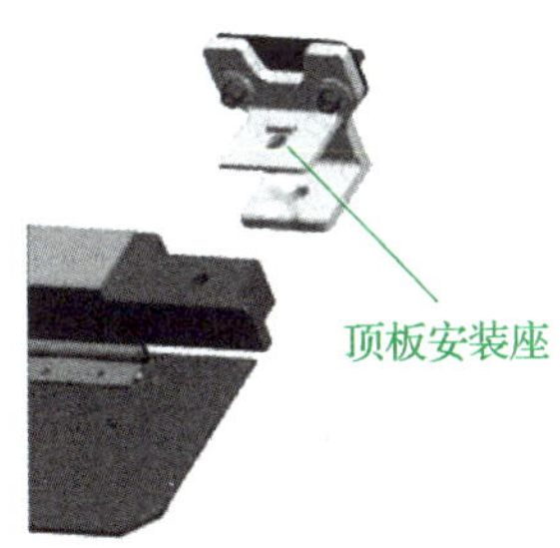

图 5-17　顶板安装座

4．侧护板

侧护板包括中间护板、边护板、裙边和连杆机构等，如图 5-18 所示。中间护板和边护板通过连杆机构连接，二者上下两端装有裙边，裙边可发生弹性变形，以适应车体的上下浮动。侧护板两端与车体端部连接，安装、拆卸快捷方便。

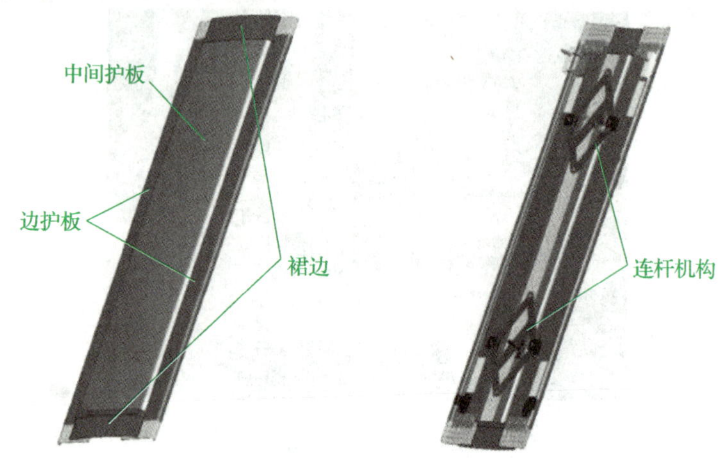

图 5-18　侧护板

5．踏板

贯通道装置上有两个踏板，踏板包括踏板体、踏板页、折页及踏板支撑等，如图 5-19 所示。踏板体为不锈钢板，其一端通过螺钉与车体地板连接，另一端通过折页与踏板页连接。踏板页可向上翻转，有利于过道底部的清洁与维护。踏板支撑通过螺钉固定在车端。

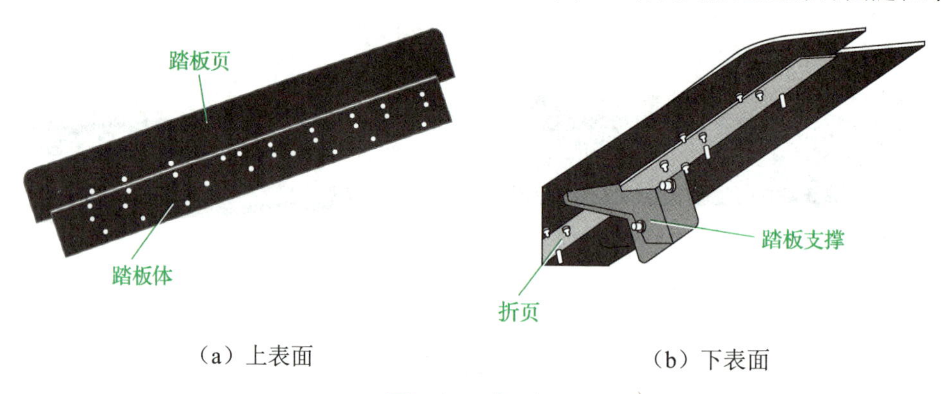

（a）上表面　　（b）下表面

图 5-19　踏　板

6．渡板

渡板包括渡板体、渡板连杆、磨耗条及折页等，如图 5-20 所示。渡板体由花纹不锈钢板制成，有防滑性能。渡板体边缘的磨耗条可避免金属之间相互摩擦产生噪声等问题。

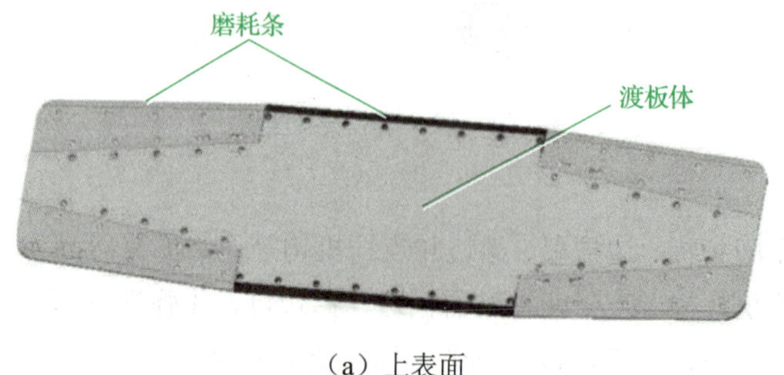

（a）上表面

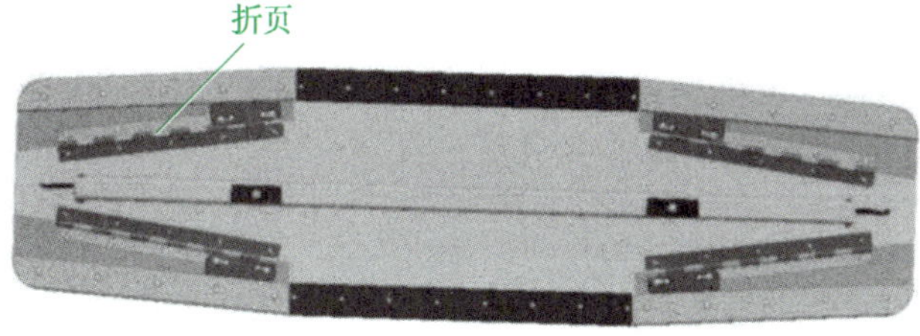

（b）下表面

（c）渡板连杆

图 5-20　渡　板

班级：　　　　　　　　组员：

（1）将全班学生进行分组，每4～6人为一组，各组选出1名小组负责人，小组合作搜集、整理某城轨车辆贯通道装置的相关资料，并将其制作成PPT。

（2）小组负责人进行任务分配，包括哪些成员查找资料，哪些成员制作PPT，哪些成员上台演讲展示等。

（3）老师组织各组在班内进行PPT演讲活动，各组按表5-2进行互评。

表5-2　PPT演讲活动评价表

评分标准	满分	实际得分	备注
内容贴切	20分		
版式精美	20分		
案例典型	20分		
讲解流利、语速适中	25分		
小组成员协作良好	15分		
合计	100分		

活页作业 5

班级：　　　　　　　　　　姓名：　　　　　　　　　　学号：

1. 填空题

（1）按连接特点的不同，车钩可分为______和______。

（2）按连接方式的不同，车钩可分为______、______和______。

（3）国产密接式车钩由______、______、______、______和______等组成。

（4）缓冲器包括______、环形弹簧缓冲器、环形橡胶缓冲器、弹性胶泥缓冲器、______等。

（5）______的机械、电路和气路的连接和解钩都需要人工操作，且通常只在架修等作业时才分解。

（6）车钩缓冲装置的附属装置包括______、______和______等。

（7）电气连接器通过悬吊装置实现与车钩的______连接。

（8）贯通道装置主要由______、车体框、______、______、______、渡板等组成。

（9）侧护板包括______、______、______和______等。

2. 判断题

（1）非密接式车钩不允许两个相连的车钩钩体在垂直方向上有相对位移；密接式车钩允许两个相连的车钩钩体在垂直方向上有相对位移。（　　）

（2）半自动车钩可实现机械、气路的完全自动连接和解钩，但电路必须靠人工连接和解钩，以方便检修作业。（　　）

（3）可压溃变形管用以吸收车辆受到冲击时产生的机械能，将会产生可恢复变形。（　　）

（4）当车钩处于待挂状态时，对中气缸排气，使车钩自动对中；当车钩处于连挂状态时，对中气缸充气，使车钩自由转动。（　　）

（5）贯通道装置也称为风挡装置，位于两节车厢的连接处，由于它与乘客直接接触，因此其安全性、可靠性非常重要。（　　）

3. 简答题

（1）简述车钩缓冲装置的作用及基本要求。

（2）与非密接式车钩相比，密接式车钩有哪些优点？

（3）简述国产密接式车钩的工作原理。

（4）车钩有哪些种类？试举例说明其工作原理。

（5）车钩缓冲装置的附属装置有哪些种类？各自有什么特点？

（6）简述贯通道装置的作用及组成。

项目六

城轨车辆制动系统

① 项目导读

城市轨道交通具有站间距离短、载客量大及发车频率高等特点，它对车辆的启动、加速和制动都有很高的要求，特别是制动。出于安全的考虑，城轨车辆必须能够安全地减速和停车，即实施制动。因此，城轨车辆制动系统是保证城轨车辆安全运行的重要系统，必须重视。

② 知识目标

（1）掌握城轨车辆制动的相关概念。

（2）掌握城轨车辆的制动方式和制动模式。

（3）掌握城轨车辆空气制动系统的组成和分类。

（4）理解直通空气制动机和自动空气制动机的工作原理及特点。

（5）理解再生制动和电阻制动的工作原理。

③ 能力目标

（1）能够说出城轨车辆制动系统的各组成部分。

（2）能够识别不同类型的基础制动装置。

④ 素质目标

城轨车辆的制动系统稳健地控制着列车的运行，张弛有度。当代大学生也要保持优良的工作态度，踏实严谨、耐心专注、不急不躁，提升社会服务质量，做到谋划有谱、张弛有度、推进有道。

任务一 城轨车辆制动基础知识

任务引入

某日 14 时 13 分，北京地铁 2 号线和平门站内环（开往宣武门方向）一名乘客突然进入运营轨道正线，列车立即进行了紧急制动，车站工作人员采取了接触轨停电措施。随后该乘客被抬上站台，14 时 25 分接触轨恢复送电，运营秩序逐步恢复。

思考：为了使列车具有良好的制动效果，设计列车制动系统时需满足哪些要求？

一、制动的相关概念

1. 制动

制动是指人为地使车辆减速或停止、阻止其加速及保持静止等过程。它包含了以下三层含义。

（1）使车辆减速或停止。

（2）防止车辆在下坡道时由于重力作用而自动加速。

（3）防止车辆静止时自动溜车。

从能量变化的角度来说，制动过程实际上是一个能量转移的过程，即车辆的动能转化为其他形式能量的过程。

2. 缓解

缓解是指对已经实施制动的车辆进行制动解除或减弱的过程。

3. 制动装置

制动装置又称**制动机**，是指为了实施制动或缓解而在车辆上安装的由一整套零部件组成的装置。制动装置会根据制动指令产生与车辆运行方向相反的制动力，使车辆速度控制在允许的范围内。

一套制动装置至少包括两个部分，即制动控制装置和制动执行装置。制动控制装置主要有制动信号的发生与传输装置；制动执行装置（也称基础制动装置）主要有闸瓦制动装置和盘式制动装置等。

小提示

制动指令可分为系统指令和人工指令。其中，**系统指令**是指按线路条件和运营要求，列车自动控制系统（ATC）发出的指令；**人工指令**是指司机操作主控器手柄发出的指令。

4．制动距离

制动距离是指从实施制动的瞬间起至速度降为零的瞬间止，列车所行驶的距离。它是综合反映制动装置的制动性能和实际制动效果的主要技术指标之一。

一般来说，城轨车辆都有明确的制动距离，且不得超过某一规定值。不同的运营公司对城轨车辆的制动距离有不同的规定。例如，上海地铁规定，在满载乘客的条件下，列车在任何初速度下，其制动距离均不得超过 180 m；广州地铁规定，列车在初速度为 80 km/h、60 km/h 和 40 km/h 时，其制动距离分别为 200 m、118 m 和 56 m。

二、制动方式

按动能转移方式的不同，制动方式可分为空气制动和电制动两类，如图 6-1 所示。

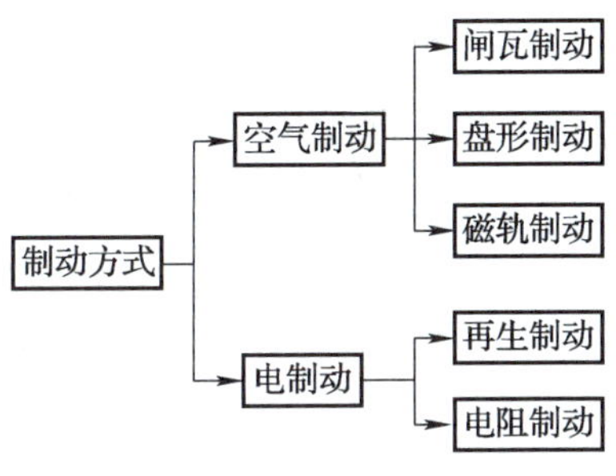

图 6-1　制动方式

1．空气制动

空气制动又称摩擦制动或机械制动，是指动能通过摩擦的方式转化为热能，并将热能散发到大气中的制动方式。空气制动可分为闸瓦制动、盘形制动和磁轨制动。

1）闸瓦制动

闸瓦制动又称踏面制动，是我国城轨车辆中一种最常用的制动方式，如图 6-2 所示。

制动时，制动缸根据制动指令产生制动压力，制动压力使制动缸活塞杆产生推力；推力经一系列杆件的传递、分配后，使闸瓦紧压车轮踏面；闸瓦和车轮踏面通过机械摩擦产生制动力，同时列车动能转化为热能，热能再消散于大气中。综上所述，闸瓦制动的简单流程：制动缸→杆件→闸瓦→车轮。

缓解时，闸瓦制动装置将制动缸内的压缩空气排出，制动缸在缓解弹簧的作用下退回，并通过各杆件带动闸瓦离开车轮踏面。

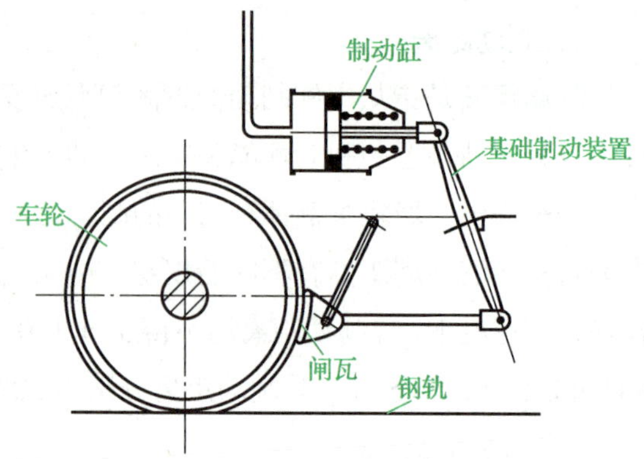

图 6-2　闸瓦制动

小提示

在闸瓦制动中，动能转化为热能的能力较大，但热能消散于大气中的能力较小。当车辆的制动功率较大时，产生的热能可能由于来不及散发而在闸瓦与车轮踏面积聚，使闸瓦熔化或车轮踏面产生裂纹。因此，在采用闸瓦制动时，要限制车辆的制动功率。

2）盘形制动

盘形制动可分为**轴盘式制动**和**轮盘式制动**，如图 6-3 所示。轴盘式制动一般用于非动力转向架，轮盘式制动一般用于动力转向架。制动盘一般为铸铁圆盘，安装在车轴或车轮辐板的侧面。

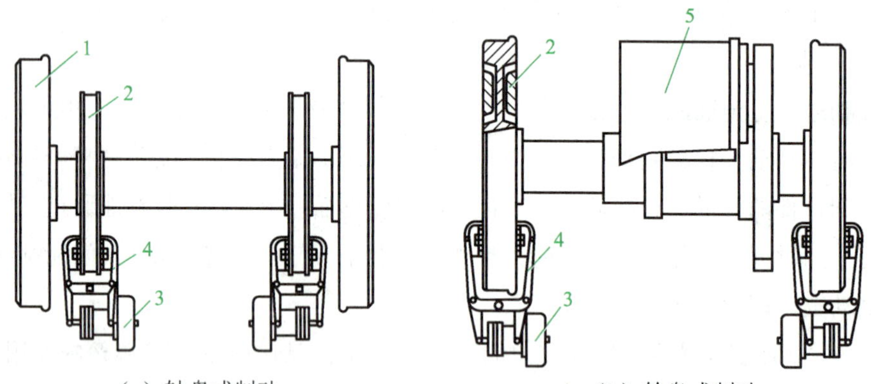

（a）轴盘式制动　　（b）轮盘式制动

1—轮对；2—制动盘；3—制动缸；4—制动夹钳；5—电动机。

图 6-3　盘形制动

制动时，制动缸通过制动夹钳使闸片紧压制动盘；闸片和制动盘通过机械摩擦产生制动力，同时车辆动能转化为热能，热能再消散于大气中。

3）磁轨制动

磁轨制动又称摩擦式轨道电磁制动，如图 6-4 所示。

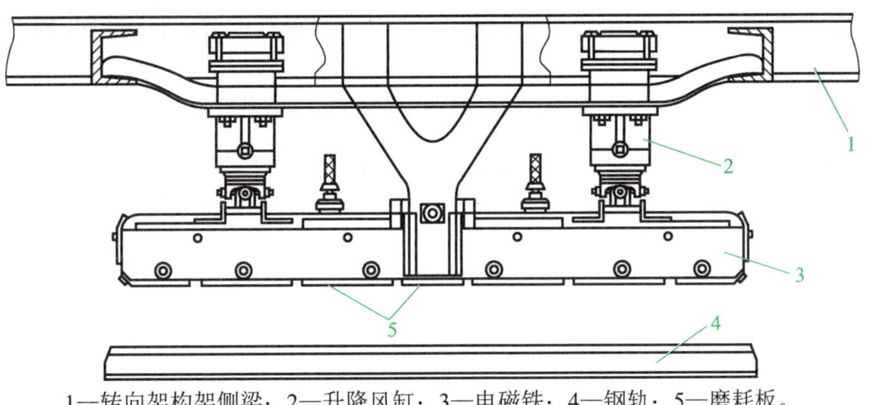

1—转向架构架侧梁；2—升降风缸；3—电磁铁；4—钢轨；5—磨耗板。

图 6-4 磁轨制动

制动时，安装在转向架构架侧梁下的电磁铁（又称电磁靴）下放，使钢轨与磨耗板相吸；磨耗板与钢轨通过机械摩擦产生制动力，同时车辆动能转化为热能，热能再消散于大气中。

磁轨制动可以产生较大的制动力，常被用作紧急制动时的补充制动手段。

2．电制动

电制动又称动力制动，是指动能通过电动机转化为电能后，电能被送回电网或直接变成热能，热能再散发到大气中的制动形式。电制动可分为再生制动和电阻制动。

1）再生制动

再生制动是指动能通过电动机转化为电能后，电能被送回电网供其他列车使用的制动形式。这种制动既可节约能源，又可减少制动时对环境的污染，且基本无磨耗。因此，再生制动是一种比较理想的制动方式。

2）电阻制动

电阻制动又称能耗制动，是指将电动机发出的电能加于电阻器中，使其发热，从而将电能转化为热能，并将热能散发于大气中的制动形式。电阻制动一般能提供较稳定的制动力，但电阻箱体积较大。

三、制动模式

按照城轨车辆运行的要求，制动系统通常采用常用制动、快速制动、紧急制动、停放制动和保压制动五种制动模式。

1．常用制动

常用制动是指车辆正常运行情况下为了调速或进站停车而实施的制动。在此制动模式下，空气制动和电制动都处于激活状态。一般情况下，电制动就能满足制动要求；当电制动不能满足制动要求时，空气制动将迅速、平滑地补充，实现混合制动。常用制动力最大时的制动称为常用全制动，通常列车只用其20%～80%的制动力。常用制动是制动系统最常使用的制动模式，其特点是制动比较缓和，制动力可连续调节，且能根据车辆载荷自动调整制动力。

2．快速制动

快速制动是指为了使车辆尽快停车而实施的制动，其制动力高于常用全制动。在此制动模式下，电制动不起作用，仅空气制动起作用。另外，快速制动还具有防滑保护和载荷修正功能。

3．紧急制动

紧急制动又称非常制动，是指紧急情况下为了尽快停车而实施的制动，其制动力与快速制动相同。在此制动模式下，由于考虑了脱弓、断钩、断电等故障情况，电制动不起作用，仅空气制动起作用。紧急制动的特点是制动迅速，且使用全部的制动力。

地铁播报

快速制动在实施后是可以缓解的，但紧急制动在实施后是不可以缓解的，它必须在车辆完全停止后方能恢复。

4．停放制动

停放制动是指为了防止车辆在停放过程中发生溜车而实施的制动。停放制动不同于车辆运行时的制动，其通常是将弹簧停放制动器的弹簧压力通过闸瓦作用于车轮踏面来形成制动力。正常情况下，弹簧压力的大小不随时间的变化而变化，由此获得的制动力能满足车辆较长时间的断电停放要求。弹簧停放制动缸充气时，停放制动缓解；弹簧停放制动缸排气时，停放制动施加。另外，停放制动还附加有手动缓解功能。

5．保压制动

保压制动是指为了防止车辆在停车前的冲动，使其平稳停车，通过电子控制单元（ECU）内部设定的执行程序来控制的制动。它可通过以下两个阶段实施。

第一阶段：当车辆制动速度小于 8 km/h 时，牵引控制单元（DCU）触发保压制动信号，并将该信号传输给 ECU，这时由 DCU 控制的电制动逐步退出，被由 ECU 控制的空气制动代替。

第二阶段：当车辆接近停车（速度小于 0.5 km/h）时，一个小于制动指令（最大制动指令的 70%）的保压制动开始自动实施，即瞬间使制动缸压力降低。

如果 ECU 因故障未接收到保压制动信号，ECU 内部程序将在 8 km/h 的速度时自行触发。

拓展阅读

1. 电制动无故障状态下的制动原则

在 DCU 无故障状态下，电制动始终起作用，并为常用制动提供所需要的制动力（AW0～AW2）。制动指令被送至所有的 DCU 和 ECU，并由它们根据车辆的载荷情况计算所需要的制动力。

2. 空气制动和电制动混合的控制原则

电制动和空气制动的混合应该是平滑的，并能满足车辆正常运行过程中的冲击率极限。空气制动主要用来填补所需要的制动力与电制动力之间的差额。

四、制动系统的要求

（1）城轨车辆一般在人口密集的地区运行，载客量大，故行车安全极为重要。制动系统必须具有足够的制动能力，以及紧急制动或快速制动等功能，以保证车辆在规定的距离内安全停车。

（2）由于地铁站间距离短，车辆加速、减速及停车频繁，因此制动系统应操作灵活、动作迅速及使车辆停车平稳等。

（3）制动系统应具有可靠的安全系数，即使个别车辆发生故障或在坡道上运行，也应有足够的制动力，保证车辆安全可靠制动。

（4）制动系统应具有载荷矫正能力，能根据乘客载荷量自动调节制动力，使车辆制动力恒定，以保证乘客的舒适性。

（5）制动系统除了由司机操作外，还可由其他工作人员操作。

班级：　　　　　　组员：

将全班学生进行分组，每4～6人为一组，利用本任务学到的知识，具体选定某种类型的城轨车辆，对其制动系统进行分析，并做成分析报告。

参考案例

下面以沈阳地铁1号线车辆为例，分析其制动系统。

沈阳地铁1号线车辆采用的制动系统是微机控制的EP2002型电空制动系统。该制动系统具有常用制动、快速制动、紧急制动及停放制动等制动模式。常用制动和快速制动采用电空混合方式，优先采用电制动。停放制动采用弹簧施加制动和充气缓解的方式，可以对停放制动进行手动缓解。该制动系统采用单元踏面制动形式，每辆车配备8套基础制动装置，其中4套带有停放制动功能。

EP2002型电空制动系统可根据车辆载荷调节制动力的大小，使车辆减速度保持不变，并可以实现防滑保护及状态监控功能。

分析报告

任务二　城轨车辆空气制动系统

任务引入

2018 年 7 月 28 日下午，某轨道交通装备有限公司在对地铁列车进行牵引与制动系统测试时，列车发生侧翻。测试过程中，6 节车厢中的前 3 节脱轨，事故造成 3 名工作人员受伤。

业内人士表示，牵引与制动系统测试是车辆交付前的重要测试，主要测试制动距离。每一辆列车在出厂前，都要按严格的规定和操作手续进行检验，使其性能和参数达到国家标准。不过，样车在工厂试验期间发生侧翻是很少见的。线路、信号或车辆本身都可能导致侧翻，具体原因需要专业人员实地调查。已经投入使用的地铁列车，都是经过严格检验的，在符合标准的轨道上运行时一般不会发生侧翻。

思考：城轨车辆制动系统的工作原理是怎样的？

一、空气制动系统的组成

城轨车辆的空气制动系统主要由风源系统、制动控制系统和制动执行装置等组成，如图 6-5 所示。其中，风源系统为空气制动系统提供所需要的压缩空气；制动控制系统接收制动指令，控制和协调制动的施加和缓解；制动执行装置产生制动效果。

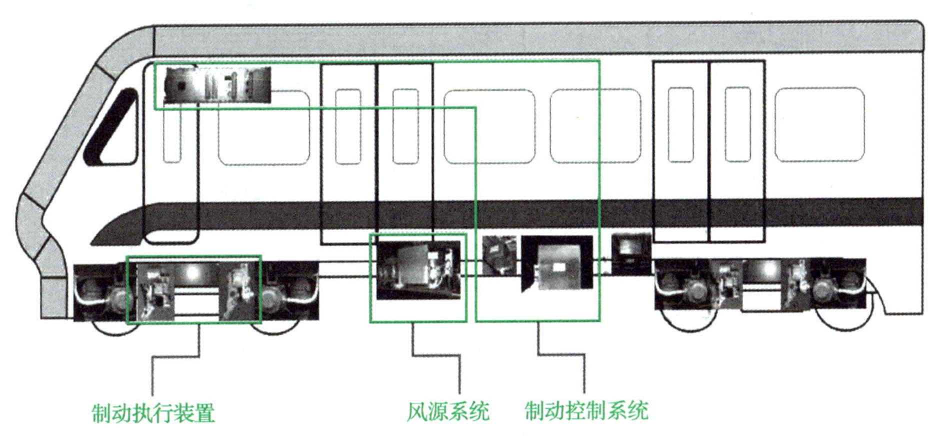

图 6-5　空气制动系统的组成

1．风源系统

风源系统又称**供风系统**，主要由**空气压缩机**、**空气干燥器**、**风缸**、**安全阀**和**空气管路**等组成。风源系统除了为空气制动系统供气外，还为空气弹簧、气动门、气动喇叭及刮水器等设备供气。

1）空气压缩机

空气压缩机简称**空压机**，是指用来制造压缩空气（又称压力空气）的装置。目前，城轨车辆的空气压缩机主要有两种：**活塞式空气压缩机**和**螺杆式空气压缩机**。

（1）活塞式空气压缩机。活塞式空气压缩机（以下简称活塞空压机）主要由固定机构、运动机构、进排气机构、中间冷却装置和润滑装置等组成。其中，固定机构包括机体、气缸和气缸盖；运动机构包括曲轴、连杆和活塞；进排气机构包括空气过滤器和气阀；中间冷却装置包括中间冷却器和冷却风扇；润滑装置包括润滑油泵和润滑油路。

图 6-6 为城轨车辆常用的 VV120 型活塞空压机。该空压机有三个缸，其中两个缸为低压缸，一个缸为高压缸，三个缸呈 W 形排列，两级压缩带有两个空气冷却器。该空压机的排气量为 920 L/min，输出压力为 1 000 kPa，转速为 1 450 r/min，由 50 Hz、380 V 三相笼型异步电动机驱动。空气过滤器采用过滤纸过滤，其效果比油浴式过滤器好，但成本较高。冷却风扇的叶片并不直接安装在曲轴端，而是通过联轴器连接（也称黏性连接）。温度较低时，联轴器内的液体黏度很低，不传递转矩，故可节约能源。

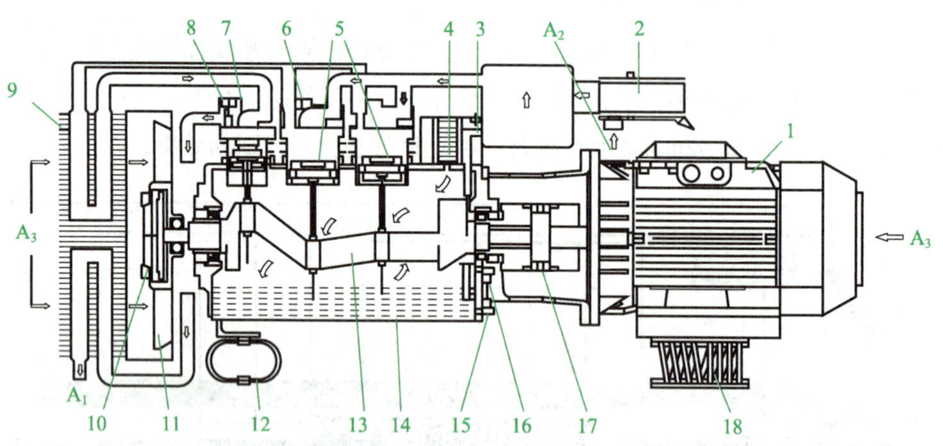

1—电动机；2—进气过滤器；3—呼吸器；4—聚合过滤器；5—低压缸；6—低压阀；7—高压缸；8—高压阀；9—冷却进口；10—黏滞风扇；11—扇叶；12，18—弹性装置；13—曲轴；14—曲轴箱；15—油位观测镜；16—中间法兰；17—联轴器；A_1—空气出口；A_2—空气进口；A_3—冷却空气。

图 6-6　VV120 型活塞空压机

活塞空压机应用广泛、技术成熟、可靠性和稳定性好，且不需要特殊润滑，性价比高。

（2）螺杆式空气压缩机。螺杆式空气压缩机（以下简称螺杆空压机）是一种双回转

轴容积式空压机。其中，转子为一对相互啮合的螺杆，具有非对称啮合型面。主动转子为阳螺杆，从动转子为阴螺杆。常用的阴阳螺杆齿数比随着空气压缩机容量的不同而有所不同，一般为5∶4，6∶4或6∶5。图6-7为齿数比为6∶4的阴阳螺杆。其中，阳螺杆为凸形不对称齿，阴螺杆为瘦齿形弯曲齿。

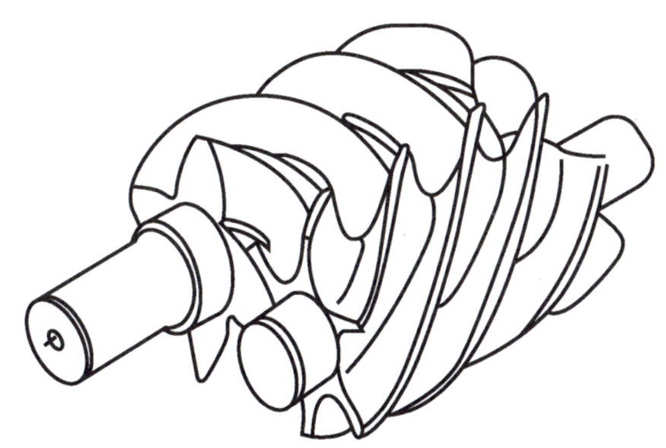

图6-7　齿数比为6∶4的阴阳螺杆

螺杆空压机的工作过程可分为进气、压缩和排气三个阶段，如图6-8所示。

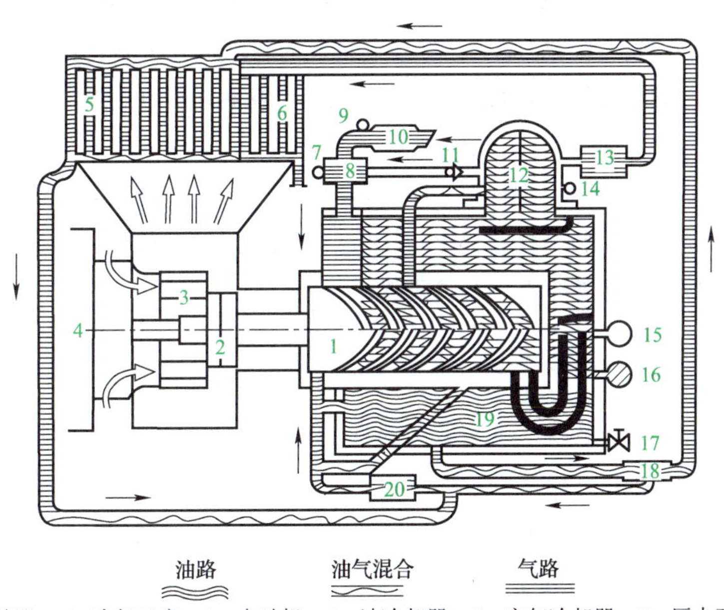

1—螺杆；2—联轴器；3—冷却风扇；4—电动机；5—油冷却器；6—空气冷却器；7—压力开关；8—进气阀；9—真空指示器；10—空气过滤器；11—逆止阀；12—油气分离器；13—最小压力逆止阀；14—安全阀；15—温度开关；16—视油镜；17—泄油阀；18—温度控制阀；19—油气筒；20—机油滤清器。

图6-8　螺杆空压机的工作过程

① 进气过程。当主从转子的齿沟转至进气口时，齿沟空间最大，且与进气口相通。此时外界气体即被吸入，并沿轴向进入主从转子的齿沟内。

② 压缩过程。主从转子在进气结束时，其齿尖会与机壳封闭，此时气体在齿沟内不再外流。主从转子的啮合面逐渐向排气端移动，啮合面与排气口之间的齿沟空间逐渐变小，齿沟内的气体被压缩，压力提高。

③ 排气过程。当主从转子的啮合面转到与机壳排气口相通时，压缩气体开始排出，直至齿尖与齿沟的啮合面移至排气端面，此时主从转子的啮合面与机壳排气口的齿沟空间为零，即完成排气过程。与此同时，主从转子的啮合面与机壳进气口之间的齿沟长度达到最长，进气过程又开始。

拓展阅读

螺杆空压机与活塞空压机都属于容积式空压机。从使用效果来看，螺杆空压机有以下优点。

（1）可靠性高。螺杆空压机零部件少，没有易损件，因而它运转可靠，寿命长，大修间隔期可达 4 万到 8 万小时。

（2）操作维护方便。螺杆空压机自动化程度高，可实现无人值守运转。

（3）动力平衡性好。螺杆空压机没有不平衡惯性力，可平稳地高速工作。

（4）适应性强。螺杆空压机具有强制输气的特点，几乎不受排气压力的影响，在宽阔的范围内能保持较高的效率，在螺杆空压机结构不做任何改变的情况下，螺杆空压机适用于多种工况。

（5）振动小、噪声低。螺杆空压机工作时，旋转螺杆无质心位置的变动，故没有造成振动的干扰。阴阳螺杆和机壳相互啮合的间隙是通过喷油进行密封和冷却的，不发生机械摩擦，因而螺杆空压机噪声低。

2）空气干燥器

由于空压机输出的压缩空气含有较高的水、油和机械杂质等，因此其必须经过空气干燥器的净化和干燥处理，才能达到车辆对压缩空气的要求。空气干燥器一般有单塔式空气干燥器和双塔式（也称双筒式）空气干燥器两种，城轨车辆常采用双塔式空气干燥器。下面以双塔式空气干燥器为例进行介绍。

图 6-9 为双塔式空气干燥器，它主要由干燥筒、油水分离器、干燥器座、电磁阀和双活塞阀等组成。

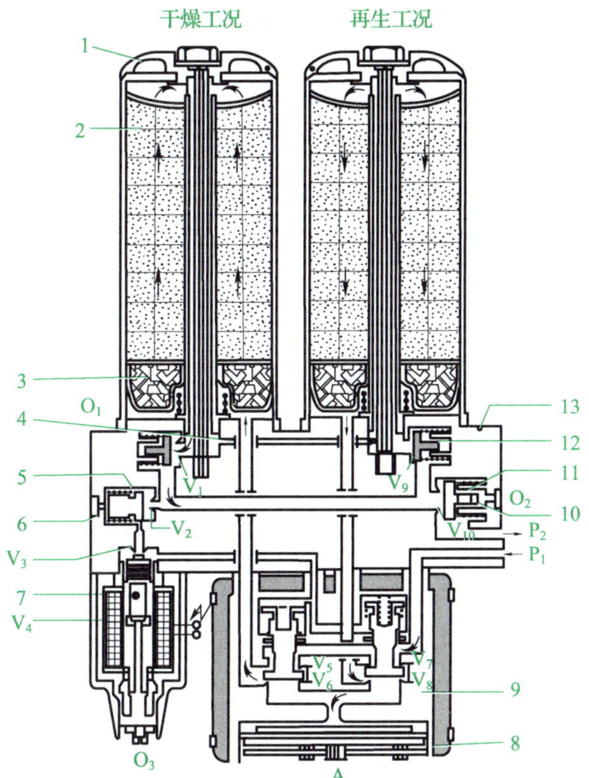

1—干燥筒；2—吸附剂；3—油水分离器；4—再生节流器；5，10—克诺尔 K 形环；6—预控制阀；7—电磁阀；8—隔热材料；9—双活塞阀；11—旁通阀；12—止回阀；13—干燥器座；A—排泄口；O_1～O_3—排气口；P_1—进气口；P_2—出气口；V_1～V_{10}—阀座。

图 6-9　双塔式空气干燥器

双塔式空气干燥器工作时，干燥工况和再生工况同时进行。

干燥工况：压缩空气首先经过油水分离器，除去油、水、机械杂质等；然后再经过干燥筒中的吸附剂，吸附剂吸附压缩空气中的水分。

再生工况：一部分已干燥的压缩空气被分离出来，经过再生节流器膨胀后，进入另一个干燥塔筒，对已吸水饱和的吸附剂进行脱水再生，再生后的压缩空气经过油水分离器时，把其中的油、水、机械杂质等从排泄口排出。

小提示

常用的吸附剂有活性炭、氧化铝、硅凝胶及分子筛等。

2．制动控制系统

制动控制系统是指在司机或其他控制装置（如 ATC）的控制下，产生、传递制动信号，并根据各种制动方式进行制动力分配、协调的系统。它由**电子制动控制单元（EBCU）**、**制动控制单元（BCU）**和**电气指令制动控制单元**等组成。

1）电子制动控制单元（EBCU）

电子制动控制单元（EBCU）是制动控制系统的核心部件。制动实施时，它通过多功能列车总线（MVB）接收各种与制动有关的信号（如制动指令信号、电制动实际值信号、载荷信号等），并根据接收的信号计算出当时所需要的制动力值，将其传送给制动控制单元（BCU）。同时，EBCU 还实时监控每根轴的转速，一旦轮对发生滑行，便迅速向该轮轴的防滑阀发出指令，开通制动缸与大气的通路，使制动缸迅速排气，从而防止该轮对发生滑行现象。

2）制动控制单元（BCU）

制动控制单元（BCU）是指以压缩空气作为制动信号来传递和控制制动力介质的制动控制系统。

3）电气指令制动控制单元

电气指令制动控制单元是指以电气信号来传递制动信号的制动控制系统。

3．制动执行装置

制动执行装置又称**基础制动装置**，是指空气制动系统中产生制动力的执行装置。目前，城轨车辆中应用最为广泛的制动执行装置是**闸瓦制动装置**和**盘形制动装置**。

1）闸瓦制动装置

目前，城轨车辆的闸瓦制动装置普遍采用单元制动器，如 PC7Y 型单元制动器（见图 6-10）和 PC7YF 型单元制动器（见图 6-11）。

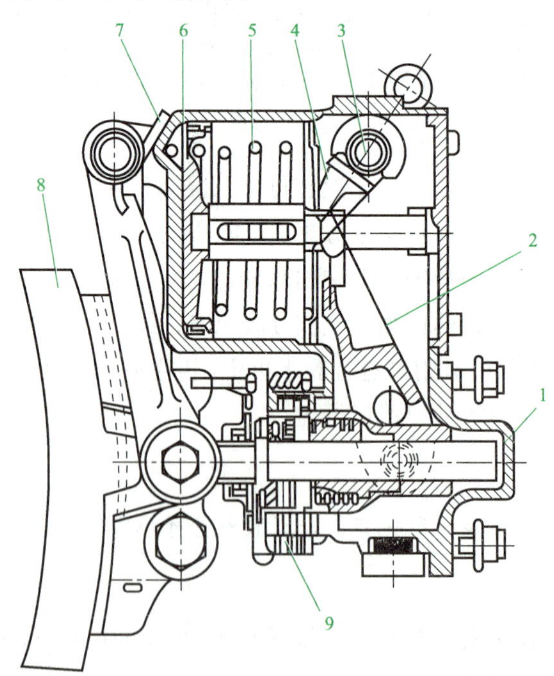

1—制动缸；2—传动杠杆；3—安装在制动缸上的枢纽；4—制动杠杆；5—缓解弹簧；6—传动缸活塞；7—扭簧；8—闸瓦；9—闸瓦间隙自动调整器。

图 6-10　PC7Y 型单元制动器

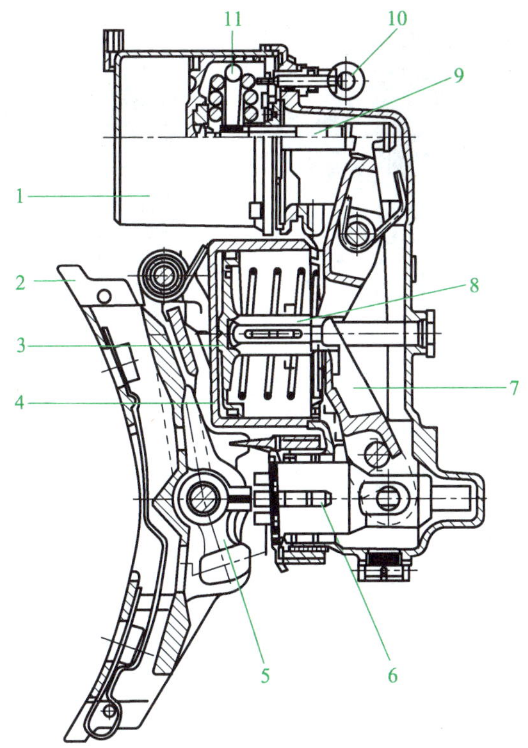

1—缓解风缸；2—闸瓦托；3—制动活塞；4—制动缸；5—闸瓦托吊；6—闸瓦间隙调整器；7—制动杠杆；8，9—活塞杆；10—缓解拉环；11—缓解弹簧。

图 6-11　PC7YF 型单元制动器

PC7Y 型单元制动器安装于转向架横梁下方，处于一对角线的两个车轮的一侧。它不带停放制动器，主要由制动缸、传动杠杆、缓解弹簧、传动缸活塞、扭簧、闸瓦、闸瓦间隙自动调整器等组成。

PC7YF 型单元制动器安装于转向架横梁下方，处于另一对角线的两个车轮的一侧。它带有停放制动器，主要由缓解风缸、制动活塞、制动缸、闸瓦间隙调整器、制动杠杆等组成。

2）盘形制动装置

盘形制动装置主要由制动盘、合成闸片、盘形制动单元和杠杆等组成。盘形制动装置具有结构紧凑、制动效率高、制动距离短及检修工作量小等优点，广泛应用于新型城轨车辆中。

图 6-12 为 WZK 型盘形制动单元。它分为两种类型：不带停放制动的盘形制动单元和带停放制动的盘形制动单元。WZK 型盘形制动单元采用气动控制，与安装在轮对上的制动盘共同作用，产生摩擦制动。由于体积小，因此 WZK 型盘形制动单元适用于安装在空间较小的转向架上。

（a）不带停放制动的盘形制动单元

（b）带停放制动的盘形制动单元

图 6-12　WZK 型盘形制动单元

二、空气制动系统的工作原理

空气制动系统又称空气制动机，是指以压缩空气为动力来源，并用压缩空气的压力变化来实现车辆制动和缓解的装置。按工作原理的不同，空气制动机可分为直通空气制动机、自动空气制动机和电空制动机。

空气制动系统的工作原理

1．直通空气制动机

1）工作原理

直通空气制动机的工作原理如图 6-13 所示。空气压缩机将压缩空气储入总风缸内，压缩空气再经总风缸管传至制动阀。制动阀有制动位、缓解位和保压位 3 个不同位置。在制动位时，总风缸内的压缩空气经制动阀流向制动管；在缓解位时，制动缸内的压缩空气经制动阀排气口排入大气中；在保压位时，制动阀保持总风缸、制动缸和制动阀排气口各不相通。

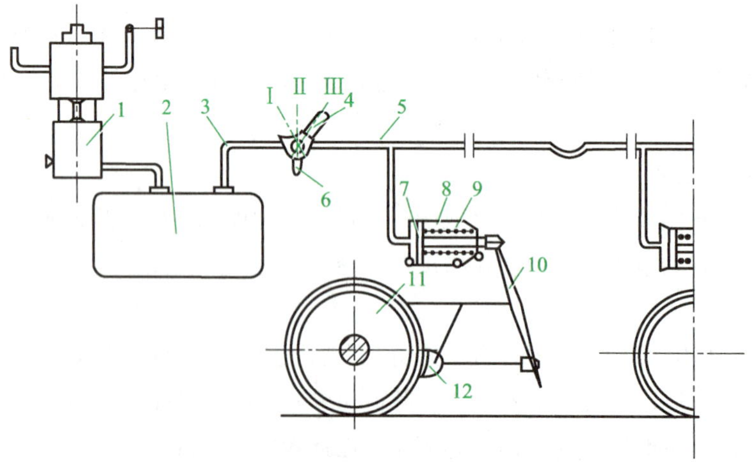

1—空气压缩机；2—总风缸；3—总风缸管；4—制动阀：5—制动管；6—制动阀排气口；7—制动缸活塞；8—制动缸；9—制动缸缓解弹簧；10—基础制动装置；11—车轮；12—闸瓦；Ⅰ—制动位；Ⅱ—保压位；Ⅲ—缓解位。

图 6-13　直通空气制动机的工作原理

（1）实施制动时，司机将制动阀手柄置于制动位；总风缸内的压缩空气经制动阀进入制动管；压缩空气由制动管进入各车辆的制动缸，并推动制动缸活塞移动；制动缸活塞杆带动基础制动装置，使闸瓦压紧车轮，产生制动作用。

制动力的大小，取决于制动缸内压缩空气的压力，由司机将制动阀手柄放置在制动位的时间长短决定。

（2）实施缓解时，司机将制动阀手柄置于缓解位；各车辆制动缸内的压缩空气经制动阀排气口排入大气中；在制动缸缓解弹簧的作用下，制动缸活塞反向移动，并通过基础制动装置带动闸瓦离开车轮，实现缓解作用。

制动阀手柄在缓解位放置的时间应足够长，从而使制动缸内的压缩空气排尽，压力值降至零。

（3）实施保压时，司机将制动阀手柄置于保压位，制动缸内的压力保持不变。当司机将制动阀手柄在制动位与保压位之间来回操纵，或在缓解位与保压位之间来回操纵时，制动缸压力能分阶段上升或下降，即实现阶段制动或阶段缓解。

2）基本特点

（1）制动管增压制动、减压缓解，列车分离时不能自动停车。

（2）能实现阶段缓解和阶段制动。

（3）制动力大小由司机将制动阀手柄放置在制动位的时间长短决定，因此制动控制不太精确。

（4）制动时，全列车制动缸的压缩空气都由总风缸供给；缓解时，各车辆制动缸的压缩空气都需要经制动阀排气口排入大气中。因此，前后车辆的制动一致性较差。

2．自动空气制动机

1）工作原理

自动空气制动机的工作原理如图 6-14 所示。与其他空气制动机相比，自动空气制动机增加了三个部件，即在总风缸与制动阀之间增加了给气阀，在每节车辆的制动管与制动缸之间增加了三通阀和副风缸。其中，给气阀的作用是给制动管定压，即无论总风缸的压力有多大，给气阀出口的压力总保持一个设定值。

自动空气制动机的制动阀同样也有缓解位、制动位和保压位 3 个不同位置，但其内部通路与直通空气制动机有所不同。在缓解位时，它连通给气阀与制动管的通路；在制动位时，它使制动管与制动阀排气口相通，制动管中的压缩空气经过制动阀排气口排入大气中；在保压位时，它保持各路不通。

制动阀手柄放在缓解位时，总风缸中的压缩空气经给气阀、制动阀送到制动管，然后通过制动管送到各车辆的三通阀，经三通阀使副风缸充气。如果此时制动缸中有压缩空气，则压缩空气经三通阀排气口排入大气中。车辆运行时，制动阀手柄一般处于缓解位，直至副风缸充至制动管定压值。

制动阀手柄放在制动位时，制动管中的压缩空气经制动阀排气口排入大气中。制动管的减压信号传至车辆的三通阀时，三通阀动作，副风缸内的压缩空气经三通阀充入制动缸，制动缸活塞推出，使制动执行机构动作，列车产生制动作用。

由此可见，自动空气制动机是依靠制动管中压缩空气的压力变化来传递制动信号的，制动管增压时缓解，减压时制动。

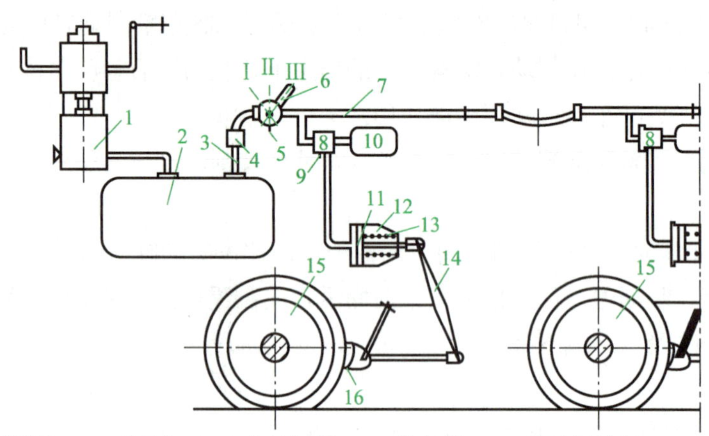

1—空气压缩机；2—总风缸；3—总风缸管；4—给气阀；5—制动阀排气口；6—制动阀；7—制动管；8—三通阀；9—三通阀排气口；10—副风缸；11—制动缸活塞；12—制动缸；13—制动缸缓解弹簧；14—基础制动装置；15—车轮；16—闸瓦；Ⅰ—制动位；Ⅱ—保压位；Ⅲ—缓解位。

图 6-14　自动空气制动机的工作原理

2）基本特点

（1）制动管减压制动、增压缓解，列车分离时能自动停车。

（2）由于自动空气制动机的制动与缓解不通过制动阀进行，因此制动与缓解的一致性较直通空气制动机好，列车纵向冲动较小，适合于较长编组的列车。

（3）具有阶段性制动及一次缓解性能。

3．电空制动机

电空制动机是在空气制动机的基础上加装电磁阀等电气控制部件而形成的。

电空制动机的工作原理如图 6-15 所示。在制动时，各车辆制动阀排气口同时打开，将列车管的压缩空气排入大气中，产生制动作用。在缓解时，各车辆缓解电磁阀的通路也同时打开，使各车辆的加速缓解风缸向列车管充风。列车实施阶段缓解时，缓解电磁阀的通路被关闭。列车管空气压力保持不变时，保压电磁阀将三通阀的排气通路切断，因此三通阀活塞虽然仍停留在充气缓解位，但制动缸此时不通大气，其空气压力保持不变，即可实现阶段缓解。

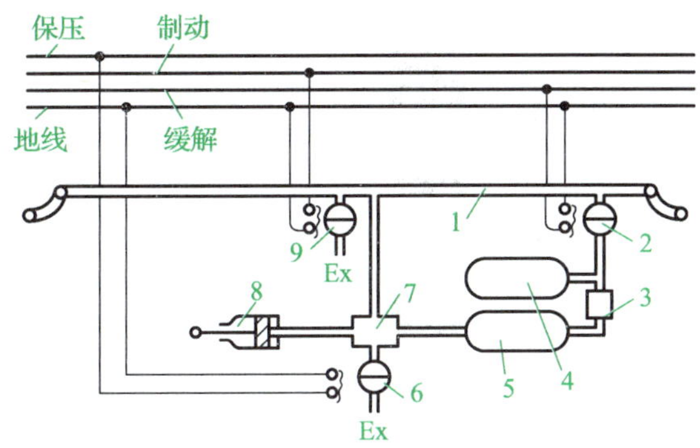

1—列车管；2—缓解电磁阀；3—止回阀；4—加速缓解风缸；5—副风缸；6—保压电磁阀；7—三通阀；8—制动缸；9—制动阀；Ex—排气口。

图 6-15　电空制动机的工作原理

拓展阅读

目前，我国城轨车辆制动系统主要分为国产制动系统和国外制动系统，国产制动系统主要为中国铁道科学研究院机车车辆研究所研制的制动系统，国外制动系统主要包括德国 Knorr 制动系统、日本 Nabtesco 制动系统和英国 Westinghouse 制动系统。以上均属于模拟式直通电空制动系统，具有反应快速、操纵灵活的特点。

1. 国产制动系统

国产制动系统目前已成功运用于各城市的地铁车辆中。例如，天津滨海线车辆的制动系统采用微机控制的模拟式直通电空制动系统，其制动控制系统采用车控方式，即每辆车都配有一套电空制动控制装置。电空制动控制装置内设有监控终端，具有自诊断和故障记录功能。

2. 国外制动系统

德国 Knorr 制动系统主要是指 ESRA 型电空制动系统。该电空制动系统是一种标准化的制动系统，是传统的直通电空制动系统，可用于机车、动车组和城轨等项目。该电空制动系统于 1993 年研发，1995 年投入应用。在我国，该电空制动系统主要应用于上海、广州、北京和天津等地铁车辆中。

日本 Nabtesco 制动系统主要是指 HRDA 型电空制动系统，1992 年投入应用，是一种传统的直通电空制动系统。在我国，该电空制动系统主要应用于北京和天津等地铁车辆中。

英国 Westinghouse 制动系统主要是指 EP2002 型电空制动系统，是一种基于架控的直通电空制动系统。该电空制动系统于 2000 年开始研发，2005 年投入应用。在我国，该电空制动系统主要应用于上海、广州和北京等地铁车辆中。

班级：　　　　　　　　组员：

将全班学生进行分组，每4～6人为一组，利用本任务学到的知识，具体选定某种类型的城轨车辆，对其电空制动系统进行分析，并做成分析报告。

参考案例

下面以郑州地铁1号线车辆为例，分析其电空制动系统。

郑州地铁1号线车辆配备两套制动系统：电制动系统和电空制动系统。其中，电空制动系统主要包括供风装置、制动控制装置和基础制动装置。

1. 供风装置

供风装置主要为电空制动系统的用气设备提供压缩空气。列车中间两节动车各配置一套供风装置，每天列车首次激活时两套供风装置同时启动，直到打满风为止，随后根据当天日期奇/偶数情况启动其中一套供风装置，另一套备用。每套供风装置主要由空压机、空气干燥器及其控制装置组成。

空压机采用VV120型活塞空压机，其有效排量为950 L/min。空压机具有两个低压级气缸和一个高压级气缸。空气由一个干式空气过滤器吸入，并在两个低压级气缸中被压缩，然后流入中间冷却器。空气冷却后被送入高压级气缸，然后再通过冷却器，形成最终压缩空气。压缩空气在两次冷却中达到空气干燥器所允许的温度。

空气干燥器将抽走压缩空气中的水分，防止凝结水的形成和电空制动系统的腐蚀（相对空气湿度≤35%）。在空压机运行过程中，内置于空气干燥器中的控制器以一定的时间间隔在空气干燥器的两个干燥剂罐之间进行转换，即在一个干燥剂罐进行再生的同时，另一个干燥剂罐将对输入的压缩空气进行干燥。

2. 制动控制装置

制动控制装置采用EP2002型电空制动系统，该系统主要包括智能阀和网关阀，其中智能阀为核心。

智能阀是一个机电装置，装在一个气动阀单元的气动伺服阀上。起控制作用的智能阀通过CAN总线传达制动要求，每台阀门据此控制着各自转向架上制动执行器内的制动缸压力，并通过转向架进行常用制动和紧急制动，同时通过车轴进行车轮的防滑保护控制。阀门通过软件和硬件联合进行控制和监控，并检测潜在的危险故障。

网关阀执行智能阀的所有功能，并将常用制动力分配至安装在本地CAN网络中的所有阀门上。网关阀也可以使EP2002型电空制动系统与列车控制系统实现连接。在EP2002型电空制动系统中，网关阀的制动分配功能可以将常用制动力分配至列车装有的所有制动系统中，以达到司机或ATO要求的制动力。

3. 基础制动装置

基础制动装置采用 PEC7 型踏面式制动器，主要由制动缸、变速机构和磨损补调器组成。压缩空气进入制动缸后，推动闸瓦和轮对接触产生制动力。每个转向架包含 4 套基础制动装置，其中 2 套带弹簧储能器的基础制动装置，与 2 套不带弹簧储能器的基础制动装置斜对称交叉布置，可以实现停放制动。PEC7 型踏面式制动器的主要特性包括：空气消耗量稳定；可以通过单作用气缸容量调节器自动修正闸瓦和轮对磨耗造成的闸瓦间隙；更换闸瓦时不需要进行调整工作等。

分析报告

任务三　城轨车辆电制动系统

任务引入

图 6-16 为某城轨车辆的制动电阻实物图，每个动车均装有一组这样的制动电阻。当列车实施制动时，电制动系统优先使用再生制动。若随着网压的抬高再生电能不能反馈到电网，则电制动系统开始使用电阻制动，通过电阻将电能转化为热能，完成制动。

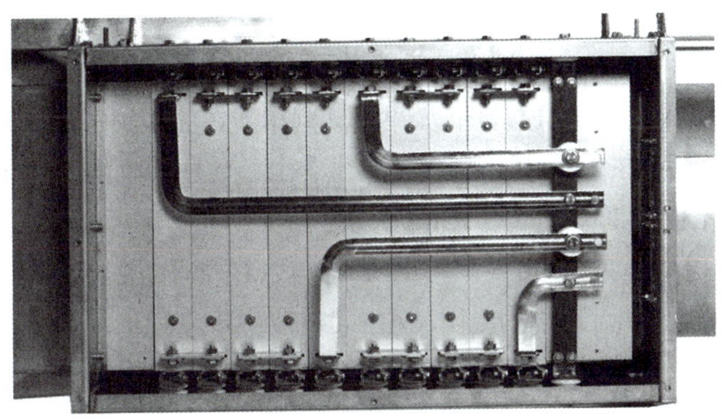

图 6-16　某城轨车辆的制动电阻

思考：再生制动和电阻制动的工作原理是怎样的？

电制动是常用制动下的优先选择，仅动车具有电制动，拖车因没有电动机而只能使用空气制动。电制动包括再生制动和电阻制动，优先使用再生制动。电制动具有独立的滑行保护和载荷校正功能。为此，每节动车装有 1 个三相调频调压逆变器（VVVF）、1 个牵引控制单元（DCU）、1 个制动电阻、4 个自冷式三相交流电动机（M_1、M_2、M_3 和 M_4）。

一、再生制动

图 6-17 为再生制动的工作原理图。当发生常用制动时，电动机以发电机状态运行，将车辆的动能变成电能，交流电经 VVVF 整流成直流电并反馈于接触网，供列车所在接触网供电区段上的其他车辆或本车的其他系统（如辅助系统等）使用，此过程称为再生制动。再生制动取决于接触网的接收能力，也取决于网压高低和负载利用能力。

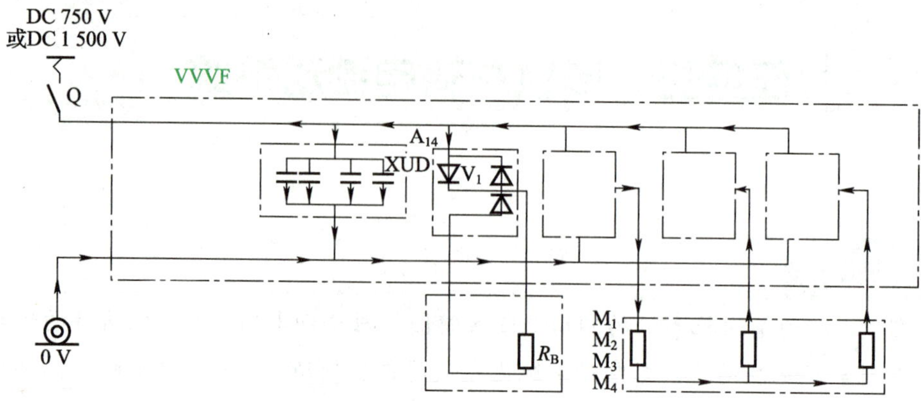

图 6-17 再生制动的工作原理图

二、电阻制动

图 6-18 为电阻制动的工作原理图。如果制动列车所在的接触网供电区段内无其他列车吸收制动能量，则 VVVF 将能量反馈在线路电容上，使电容电压（XUD）迅速上升。当 XUD 达到最大设定值 1 800 V 时，DCU 启动能耗斩波器模块 A_{14} 上的门极可关断晶闸管 GTO：V_1，GTO 打开制动电阻 R_B，制动电阻 R_B 与电容并联，将电动机上的制动能量转变成电阻的热能消耗掉，此过程称为电阻制动，也称为能耗制动。

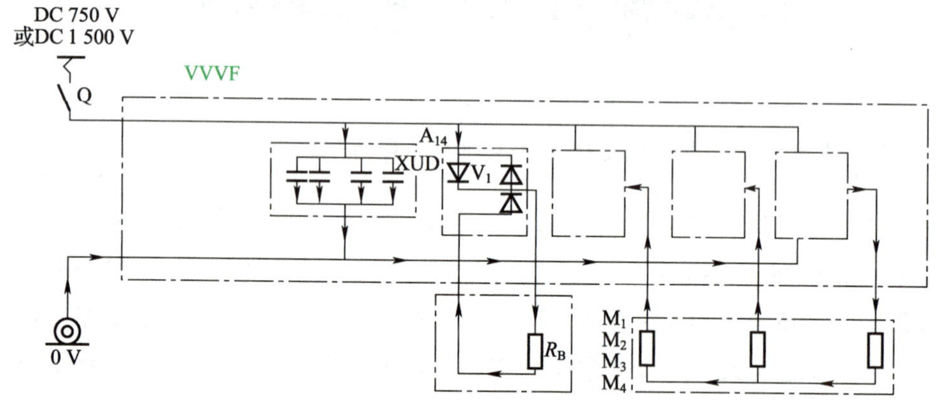

图 6-18 电阻制动的工作原理图

电阻制动承担电动机电流中不能再生的那部分制动电流。再生制动电流加电阻制动电流等于制动控制要求的总电流，此电流受电动机电压的限制。再生制动和电阻制动之间的转换由 DCU 控制，以保证连续交替使用，转换平滑。

活页清单 6.3

班级：　　　　　　　　组员：

将全班学生进行分组，每 4～6 人为一组，利用本任务学到的知识，具体选定某种类型的城轨车辆，对其电制动系统进行分析，并做成分析报告。

参考案例

下面以郑州地铁 1 号线车辆为例，分析其电制动系统。

郑州地铁 1 号线车辆的电制动系统采用再生制动和电阻制动。当制动指令发出时，优先采用电制动。如果接触网的网压允许，则采用的主要制动模式是再生制动。如果接触网的网压高于 1 800 V，则采用电阻制动。

分析报告

活页作业 6

班级：　　　　　　　　姓名：　　　　　　　　学号：

1. 填空题

（1）制动过程实际上是一个____________的过程，即车辆的____________转化为其他形式能量的过程。

（2）____________是综合反映车辆制动装置的制动性能和实际制动效果的一个主要技术指标。

（3）____________是指动能通过电动机转化为电能后，电能被送回电网或直接变成热能并散发到大气中的制动形式。

（4）制动系统通常采用____________、____________、紧急制动、____________和保压制动五种制动模式。

（5）城轨车辆的空气制动系统主要由____________、____________和制动执行装置等组成。

（6）____________是指空气制动系统中产生制动力的执行装置。

（7）____________是指以压缩空气为动力来源，并用压缩空气的压力变化来实现车辆制动和缓解的装置。

（8）空气制动机可分为____________、____________和____________。

2. 判断题

（1）城轨车辆一般都有明确的制动距离，且不得超过某一规定值。（　　）

（2）再生制动既节约能源，又减少制动时对环境的污染，且基本无磨耗，是一种比较理想的制动方式。（　　）

（3）在常用制动模式下，空气制动和电制动都处于激活状态。（　　）

（4）紧急制动在实施后可撤除，必须在车辆完全停止后方能人工恢复。（　　）

（5）由于地铁站间距离短，车辆加速、减速及停车频繁，因此制动系统应操作灵活、动作迅速及停车平稳等。（　　）

（6）由于盘形制动装置具有结构紧凑、制动效率高、制动距离短及检修工作量小等优点，广泛应用于新型城轨车辆中。（　　）

（7）制动力大小由司机将制动阀手柄放置在制动位的时间长短决定。（　　）

3. 简答题

（1）什么是制动和缓解？

（2）制动方式有哪几类？

（3）按照城轨车辆运行的要求，试述制动系统的制动模式。

（4）简述双塔式空气干燥器的工作原理。

（5）简述自动空气制动机的工作原理。

（6）简述再生制动和电阻制动的工作原理。

项目七

城轨车辆空调系统

① 项目导读

空调系统可以保证城轨车辆车内的温度、湿度、气流速度及洁净度等在一个适宜范围内。现代城轨车辆采用封闭式车窗，无法随意打开，一旦空调系统发生故障，车内的空气循环将受到影响，乘客会因高温、缺氧而出现身体不适、中暑、晕厥等现象，严重时还会影响乘客的生命安全。因此，城轨车辆正常运行中，应正确使用和维护空调系统，以提高乘客的舒适性，保证行车安全。

② 知识目标

（1）掌握城轨车辆空调系统的相关概念。

（2）了解城轨车辆车内空气参数的设定范围。

（3）掌握城轨车辆空调系统的组成。

（4）掌握城轨车辆制冷系统的工作原理。

③ 能力目标

（1）能够识别城轨车辆空调系统各部件，并能描述其功能。

（2）能够说出制冷系统的工作原理。

④ 素质目标

城轨车辆的空调系统在地铁车辆的能耗、总造价等方面占有很大的比例。当代大学生要认识到空调系统的重要性，树立绿色环保意识、安全意识，为实现“安全地铁”“绿色地铁”理念做出努力。

任务一 城轨车辆空调系统概述

任务引入

为了满足乘客的舒适性要求，2019年8月北京地铁2号线和13号线列车试行强冷、弱冷分区配置。2号线列车驾驶操纵端前5节车厢设置为强冷车厢，空调温度设定为24℃；第6节车厢设置为弱冷车厢，空调温度设定为26℃。13号线列车1、2、5、6节车厢设置为强冷车厢，空调温度设定为23℃，3、4节车厢设置为弱冷车厢，空调温度设定为26℃。

车站根据不同站台类型，张贴强冷、弱冷标示（见图7-1），以列车车门为单位，为乘客指明强冷区和弱冷区的分布情况。

图7-1　强冷、弱冷标示

思考：为实现强冷、弱冷车厢温度的设置，北京地铁对运营车辆的空调系统进行了全方位改造升级。你知道城轨车辆空调系统的制冷原理是什么吗？强冷、弱冷是怎样实现的呢？

一、空调系统的相关概念

1. 空调

空调是空气调节的简称，就是使车内空气的温度、湿度、气流速度及洁净度等保持在规定的范围内，为乘客创造舒适的乘车环境。

2. 温度

温度是表示物体冷热程度的物理量，微观上来讲表示物体分子热运动的剧烈程度。目前应用较多的温度有摄氏温度和热力学温度。

（1）摄氏温度的符号为 t，单位为℃。在标准大气压下，将纯水的冰点温度定为 0℃，沸点温度定为 100℃。若温度低于 0℃，应在温度数字前加符号“－”。

（2）热力学温度又称开尔文温度或绝对温度，符号为 T，单位为 K。在标准大气压下，将纯水的冰点温度定为 273.16 K，沸点温度定为 373.16 K。

摄氏温度和热力学温度的换算公式为

$$t = T - 273.16 \text{ 或简化为 } t = T - 273 。$$

3. 湿度

湿度是指空气中含水分的多少。湿度可分为绝对湿度和相对湿度。绝对湿度是指单位容积空气中含有的水蒸气质量，即空气中的水蒸气密度，以 g/cm^3 为单位。相对湿度是指空气中所含水蒸气密度和同温度下饱和水蒸气密度的比值，通常用百分数表示。

地铁播报

绝对湿度只能说明在某一温度下空气实际所含的水蒸气质量，不能说明空气的干湿程度。因为水蒸气的饱和程度与温度有关，即温度越高，水蒸气的饱和点也越高，所以同一绝对湿度的空气在不同的温度下吸收水分的能力是不同的。因此，在空调中常采用相对湿度来表示空气的干湿程度。

4. 压力

压力又称压强，是指单位面积上所受的垂直作用力，单位为帕斯卡（简称帕），符号为 Pa。

5. 制冷

制冷是指用一定的方法使物体或空间的温度低于周围环境介质的温度，并且使其维持在某一范围内。

1）制冷剂

制冷剂又称冷媒，是指在制冷系统中，将车内的热量连续不断地转移到室外的媒介物质。从理论上讲，凡是能吸收被冷却介质的热量而汽化，并能放出热量而液化的物质都可以作为制冷剂。

城轨车辆空调系统要求所选用的制冷剂必须能使整个系统安全、可靠、高效和经济地运行，因此常用的制冷剂有 R717、R12、R22、R134a、R407c、R410a 等。例如，上海地铁 1 号线车辆空调系统采用的制冷剂为 R22，广州地铁 1 号线空调系统采用的制冷剂为 R134a，深圳地铁车辆空调系统采用的制冷剂为 R407c。

2）制冷原理

空调的制冷方式一般有五种，即蒸气压缩式制冷、半导体制冷、吸收式制冷、蒸气喷射式制冷及涡流管制冷。城轨车辆的空调一般采用蒸气压缩式制冷，下面以蒸气压缩式制冷为例介绍其工作原理。

在一定的压力下，如果制冷剂液体温度达到沸点后继续吸热，就会变成蒸气，蒸气遇冷却介质后又会变为液体。因此，制冷剂在一个封闭的系统中，只需要消耗压缩机的功就能实现由液体变为蒸气、再由蒸气变为液体的循环，并通过这种循环将低温处的热量转移到高温处，这就是蒸气压缩式制冷的工作原理。

6．紧急通风

紧急通风是指当车辆动力电断电时，由蓄电池经逆变器为通风机供电，用通风机进行通风的过程。

二、车内空气参数的设定

为保证乘客的乘坐舒适性，根据人们的生活实践和人体生理卫生的要求，城轨车辆应保证的车内空气参数有温度、相对湿度、气流速度及洁净度等。

1．温度

温度应考虑外气温度，否则过大的温差会使人不适应，因此车内温度要随外气温度的变化而变化。28℃是人体感到舒适与不舒适的分界点，故可把28℃设为车内最高温度。夏季，车内温度一般设为22～28℃。冬季，乘客穿的衣服较厚，其在短暂的乘车过程中一般不会脱下外衣，故车内温度不宜定得太高，一般设为18～20℃。

2．相对湿度

相对湿度是影响人体舒适的重要因素。当人体周围的相对湿度较大时，将影响人体的水分蒸发，而使人们感到闷热；当人体周围的相对湿度较小时，人体的水分会随人体热辐射散发，而使人们感到干燥。按照卫生标准和要求，车内允许的最大相对湿度为70%，一般设定在45%～60%。

3．气流速度

气流速度会影响人体散热，增大气流速度，会加速人体表面汗液蒸发，从而促进散热。气流速度过高或过低都会影响乘客的舒适性，一般可将气流速度设定在0.15～0.25 m/s，且冬季应比夏季略低一些。

4．洁净度

洁净度一般包括含尘量和CO_2体积分数两方面。含尘量应以不超过1.5 mg/m^{3}为宜，CO_2体积分数宜取0.15%～0.2%。

小案例

上海地铁车辆车内夏季的空气参数如表 7-1 所示。

表 7-1 上海地铁车辆车内夏季的空气参数

参数	参数值
温度/℃	27
相对湿度/%	65
气流速度/（m/s）	0.5
含尘量/（mg/m³）	⩽0.5

三、空调系统的设计要求

下面主要从空调机组和空调控制装置两方面简单分析城轨车辆空调系统的设计要求。

1．空调机组

城轨车辆空调机组一般应达到小型轻量化、可靠性高、免维护程度高等要求。

1）小型轻量化

小型轻量化是城轨车辆空调系统的显著特点。近年来，国产城轨车辆采用一系列新技术来缩小空调机组的体积，如采用卧式涡旋压缩机，换热器采用内螺纹管以增强换热效果、减少换热器体积，引进高效进口风机等，在保证流量、噪声等要求下降低了空调机组的体积及重量。

2）可靠性高

（1）耐振性。城轨车辆在运行中会产生较大振动，因此空调系统应具有良好的耐振性。

（2）耐腐蚀性。暴露在大气中的空调电机、换热器壳体应具有良好的耐腐蚀性。例如，采用防护等级较高的电机，并在电机外部配合处增加电机防护措施；在换热器上采用耐酸、碱、盐雾腐蚀的覆膜铝翅片，并采用不锈钢材料制造空调机壳体，可有效防腐，延长空调机组的使用寿命。

（3）稳定性。根据运行特点，城轨车辆空调系统应尽量采用多系统空调机组，避免使用单系统空调机组，以增强空调系统的稳定性。

3）免维护程度高

安装于城轨车辆上的空调机组并不能像地面空调机组那样，可以为检修、维护人员提供一个易于检视的环境和空间。因此，城轨车辆空调系统应尽量采用单元式、全封闭式空调机组，并提高免维护元件的使用率，尽可能不采用分体式空调机组。

2. 空调控制装置

空调控制装置控制空调机组的正常运行，要求自动化程度高、电磁兼容性好及可靠性高。

1）自动化程度高

城轨车辆在运行中通常没有车辆设备巡检员，这就要求城轨车辆空调系统要有较高的自动运行和自我保护能力，能够在出现故障时进行自我诊断、恢复，能够对故障进行自动贮存，以便车辆进站后，能够及时修复。

2）电磁兼容性好

城轨车辆的自动化程度越高，车辆设备及信号控制系统的电磁环境就越复杂，因此要充分考虑电磁的兼容性。空调控制装置应能在预期的电磁环境中正常工作，且无性能降低或故障。

3）可靠性高

目前，城轨车辆空调控制装置的关键元件采用的是质量较好的进口元件或合资工厂生产的元件，故障率较低。电路设计经过大量的实际运行验证，可靠性较高。

拓展阅读

广州地铁 3 号线车辆客室空调机组的主要技术特点如下：① 双系统技术，实现 2 档能量调节；② 耐高温，室外 50℃全负荷运行；③ 强度高，重量轻；④ 采用冷凝水回收系统，节约能耗。

广州地铁 3 号线车辆客室空调机组的主要参数如表 7-2 所示。

表 7-2　广州地铁 3 号线车辆客室空调机组的主要参数

结构形式		单元式空调机组	相对湿度/%	68
外型尺寸/mm		3 700 × 1 600 × 410	压缩机数量	2
壳体材料		不锈钢	重量/ kg	805
新风量/[m^3/(h·人)]		1 600	额定功耗/ kW	18.7
温度/℃	室外	35	制冷剂	R134a
	室内	29.8		

班级：　　　　　　　组员：

（1）将全班学生进行分组，每4～6人为一组，各组选出1名小组负责人，小组合作搜集、整理城轨车辆车内空气参数的设定及空调系统的设计特点等相关材料，并将其制作成PPT。

（2）小组负责人进行任务分配，包括哪些成员查找资料，哪些成员制作PPT，哪些成员上台演讲展示等。

（3）老师组织各组在班内进行PPT演讲活动，各组按表7-3进行互评。

表7-3　PPT演讲活动评价表

评分标准	满分	实际得分	备注
内容贴切	20分		
版式精美	20分		
案例典型	20分		
讲解流利、语速适中	25分		
小组成员协作良好	15分		
合计	100分		

任务二　城轨车辆空调系统的组成

任务引入

某年7月，全国大范围持续高温，北京也遭遇了闷热的“桑拿天”。在原本就以拥挤著称的北京地铁1号线上，乘客还要遭受“蒸桑拿”的痛苦。不少民众在网上吐槽，北京地铁1号线部分列车车厢内空调制冷效果不佳，温度较高，尤其是早晚高峰期间，车厢像一个“蒸笼”。

地铁公司方面称，由于北京地铁1号线建设时间较早，洞体设计较小，散热条件较差，空调管路工作压力持续升高，压缩机压力保护功能启动，致使空调制冷效果不佳。

思考：城轨车辆空调系统是如何制冷的？

城轨车辆空调系统一般由通风系统、制冷系统、加热系统、加湿系统和自动控制系统五大部分组成。考虑到实际运行区域的气候条件，有些城轨车辆空调系统可不设加热系统和加湿系统。

为便于安装、维护，城轨车辆空调系统基本采用集中式布置，即除了一些控制部件外，空调系统的主要部件都集中在一个空调机组内。这样的设计使得空调机组具有结构紧凑、占用空间小、制冷管路短、整体更换快速等优点。

城轨车辆一般在车顶设两台单元式空调机组，空调机组的布置如图7-2所示。空调机组一般由通风机、压缩机、蒸发器、冷凝器、冷凝器风机、干燥过滤器、气液分离器、电加热器等组成，如图7-3所示。

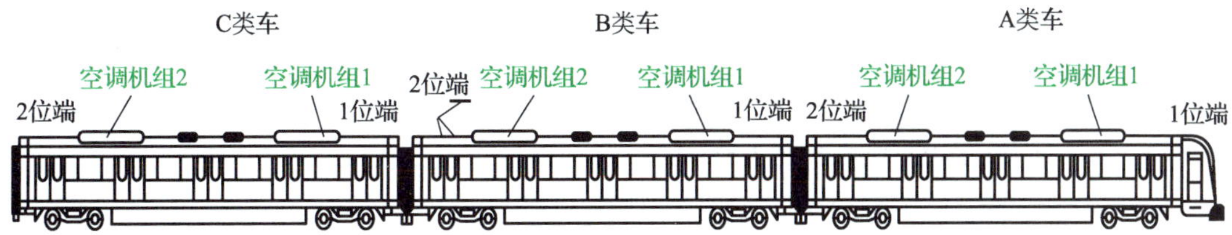

图7-2　空调机组的布置

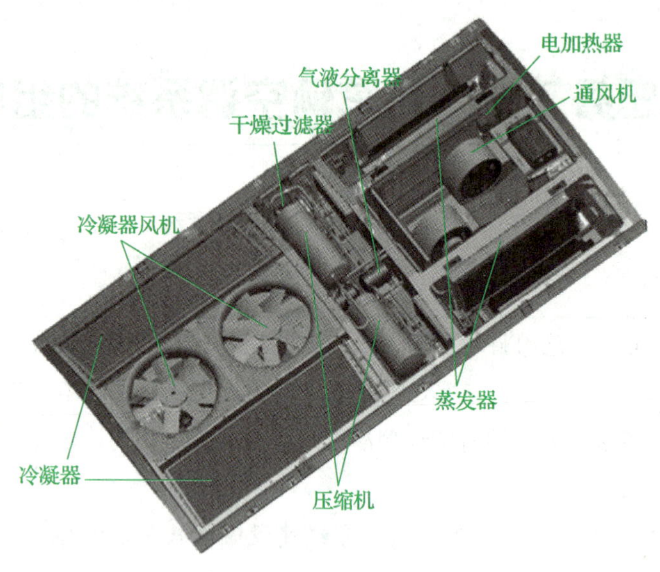

图 7-3　空调机组的组成

一、通风系统

通风系统的作用是吸入车外新鲜空气，并将其与车内循环空气混合，在过滤灰尘等杂质后输送至车内各处，同时排出车内污浊空气，以保证车内较高的空气洁净度，使车内获得良好的气流组织，如图 7-4 所示。

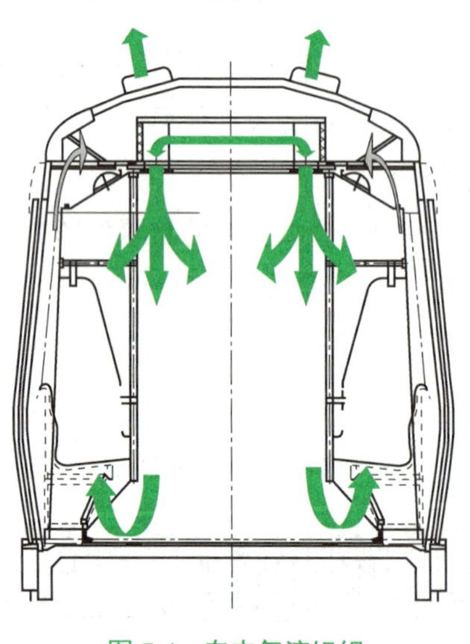

图 7-4　车内气流组织

通风系统的作用及组成

通风系统一般由通风机组、风道、风口及空气过滤器等组成。

1. 通风机组

通风机组的作用是吸入车外新风和车内回风，并将处理后的混合空气加压，通过风

道送入车内。通风机组（见图 7-5）是通风系统的动力装置，通常由一台双速电机和两台离心式通风机组成。离心式通风机主要由吸入口、机壳、叶轮及排气口等组成，如图 7-6 所示。

图 7-5　通风机组

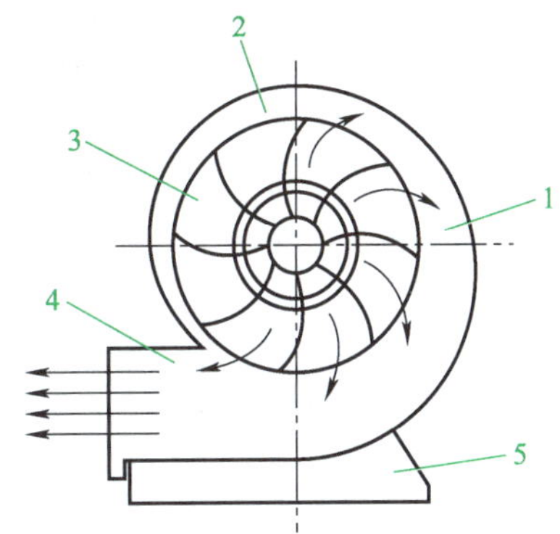

1—吸入口；2—机壳；3—叶轮；
4—排气口；5—基座。

图 7-6　离心式通风机的组成

为了使电机和通风机所产生的噪声尽量少地传入车内，在安装通风机组时，应采用有效的隔声、减振措施。例如，在通风机组的安装座上加装橡胶减振器、在通风机机壳上敷设阻尼涂料、在主风道与通风机连接风管处采用由人造革制成的软风道等。

2．风道

风道包括送风道、回风道、排风道。送风道用以将空气送入车内。送风道沿车辆方向可分为三个，中间的为主风道，两侧的为副风道。主、副风道由隔板隔开，隔板上设有调节风量的气孔。

回风道用以抽取车内循环空气。回风道内的空气一部分通过车顶的静压排气孔排至车外，另一部分进入空调机组与新风混合后，经过冷却过滤由通风机送入主风道，在车内形成空气循环。

排风道用以排除车内废气，是排气口与车顶静压排风器之间的通道。

3．风口

风口包括新风口、送风口、回风口、排气口。

新风口是吸收车外新鲜空气的入口。它一般装有新风格栅（防止杂质进入车内）、新风滤网（见图 7-7）和新风调节装置。

图 7-7　新风滤网

送风口（见图 7-8）是向车内分配空气的风口。送风口大多装有送风器和风量调节装置，不仅可使车内送风均匀、气流组织分配合理，还可以根据需要调节送风量的大小。送风口一般还装有送风滤网。

回风口是吸收车内循环空气的入口。一般情况下，车内部分空气应作为回风。回风口应设置调节挡板来调节回风和新风的混合比例。

排气口（见图 7-9）是排除车内废气的出口。车内废气从长椅下，经内墙板后侧导向车顶，由车顶静压排风器排出车外。

图 7-8　送风口

图 7-9　排气口

4. 空气过滤器

空气中的灰尘不仅会影响乘客的健康，还会影响某些空气处理设备（如加热器、冷凝器等）的处理效果，因此在通风系统中必须设置空气过滤器。空气过滤器是利用过滤材料将空气中的悬浮颗粒除掉的设备。城轨车辆一般设有新风过滤器、回风过滤器，并且装在空气处理器的前端，以减少后续设备表面积灰。

拓展阅读

城轨车辆每辆车均配有一台紧急逆变器。当交流辅助电源发生故障时，紧急通风系统将立即自动投入工作，向车内输送新风，应急供电由蓄电池提供；当交流辅助电源供电正常时，空调系统将自动转入正常工作状态。

二、制冷系统

制冷系统的作用是对车内空气进行降温、减湿处理，使其温度与相对湿度保持在规定的范围内。制冷系统主要由压缩机、冷凝器、膨胀阀及蒸发器等设备组成，通过管道连接，形成一个封闭的循环系统，如图 7-10 所示。此外，为了保证制冷系统安全、有效地工作，还配有干燥过滤器、气液分离器、贮液器等辅助设备。

1. 主要设备

1）压缩机

压缩机（见图 7-11）是蒸气压缩式制冷装置中的一个重要部件。压缩机将制冷剂蒸气压缩成高温、高压的蒸气，并将其送入冷凝器，它是推动制冷剂在制冷系统中不断循环的动力，起着压缩和输送制冷剂蒸气的作用。

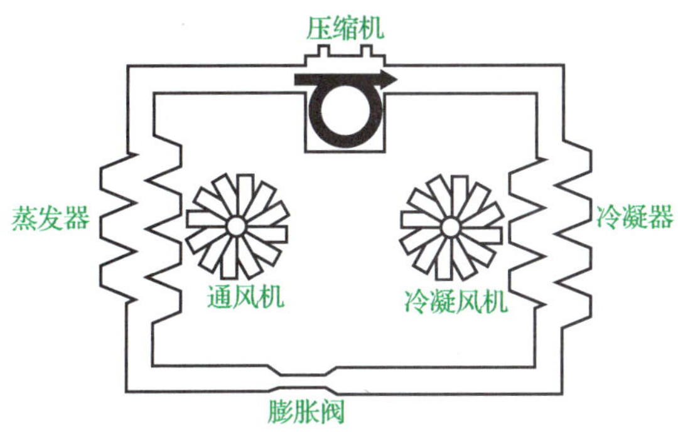

图 7-10　制冷循环系统

图 7-11　压缩机

2）冷凝器

冷凝器（见图 7-12）的作用是使从压缩机出来的高温、高压制冷剂蒸气向冷却介质（如水或空气）放热，冷凝成高温、高压的液体。

图 7-12　冷凝器

为了增强换热时的空气流动循环，空调机组采用冷凝器风机（见图 7-13）来强化制冷剂在冷凝器中的冷凝、放热过程。

图 7-13　冷凝器风机

3）膨胀阀

膨胀阀的作用是使高温、高压的制冷剂液体节流降压，变为低温、低压的液体，然后进入蒸发器。

4）蒸发器

蒸发器的作用是使制冷剂液体吸收被冷却介质——空气的热量，空气的温度随之降低，同时制冷剂液体汽化成低温、低压的蒸气，并被压缩机吸入。因此，蒸发器是制冷系统中产生和输出冷气的设备。

地铁播报

空气经蒸发器冷却后，通过通风道各格栅被送入车内，在制冷系统连续不断地工作下，车内温度逐渐降低。由于蒸发器表面的温度低于空气的露点温度，空气中的部分水蒸气就会凝结成水滴，形成所谓的“空调水”。因此，空气在通过蒸发器冷却的同时也得到了减湿处理。

2. 辅助设备

1）干燥过滤器

干燥过滤器可以吸收制冷回路上可能存留的少量潮气和杂质，从而防止制冷系统在膨胀阀的节流口处发生堵塞，提高制冷系统运行的可靠性。图 7-14 为干燥过滤器的结构图。干燥过滤器的进口端为粗金属网，出口端为细金属网，可以有效过滤杂质。干燥过滤器内装的干燥剂吸收制冷剂中的水分，以确保毛细管畅通和制冷系统正常工作。当干燥剂因吸水过多而失效时，应该及时进行更换。

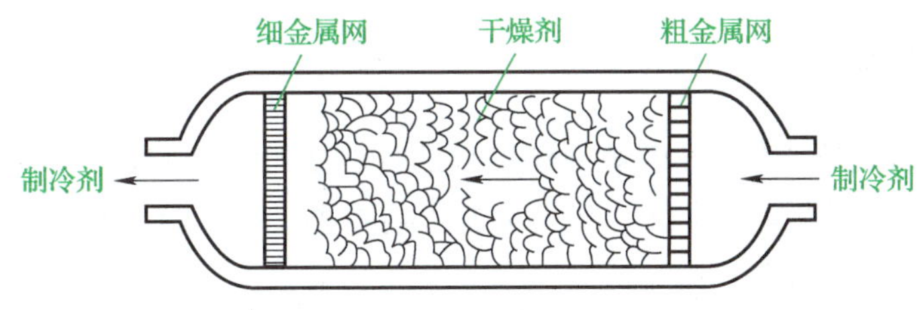

图 7-14　干燥过滤器结构图

2）气液分离器

为避免压缩机吸入制冷剂液体，在压缩机的回气管上可设置气液分离器。从蒸发器出来的制冷剂气液混合体进入气液分离器后，其中气体上升到顶部进入压缩机，而液体则先流入底部，再逐渐汽化后进入压缩机。

3）贮液器

贮液器的作用是贮存制冷系统中的制冷剂液体，调节制冷剂的需求量，以适应工况在一定范围内变动时制冷剂流量的变化。

三、加热系统

与制冷系统的作用相反，加热系统是对车内空气进行加热处理。有些城轨车辆设置了专门的加热系统，可通过不同的方式进行加热，如电加热器加热、电暖器加热等。

1. 电加热器加热

电加热器加热是指车内的循环空气及新鲜空气由通风机吸入，并在电加热器前混合，通过电加热器加热，温度升高后，再由通风机送入车内通风道各格栅，向车内送热风，使车内温度上升。

2. 电暖器加热

电暖器加热是指通过电暖器直接对车内空气进行加热。电暖器一般布置在座椅下或车内侧墙上，如图 7-15 所示。

图 7-15　电暖器

四、加湿系统

加湿系统的作用是当车内空气相对湿度较低时进行加湿，以保证相对湿度在规定的范围内。由于车内乘客的散湿量较大，因此通常不需要再进行加湿调节。加湿系统仅在某些对车内相对湿度要求较高的车辆上安装。

五、自动控制系统

自动控制系统的主要作用是控制通风、制冷或加热系统的运行和停止，还提供一系列保障和辅助措施，如避免压缩机频繁启动、运行信息的监控、各种故障的处理、简单的温度设定等。

自动控制系统一般采用微机控制方式，可通过微机调节器控制车内温度。空调系统中新风口、风道和客室座位下均设有温度传感器，由温度传感器测得的温度值，传递到微机调节器中进行处理。每辆车均有一台微机调节器，控制两个空调单元，设置于车辆一端的空调控制柜中，可由司机室集中控制或每辆车单独控制。

拓展阅读

空调控制柜的特点

（1）空调控制柜实现了控制系统的小型化、智能化和系统化。

（2）空调控制柜根据预设参数可实现自动控制，减轻了操作人员的工作强度，避免了由于人为误操作引起的事故，便于操作和维护。

（3）空调控制柜对空调机组的运行参数进行实时检测，出现故障时及时进行保护，避免了由于保护不及时引起的严重后果。

（4）空调控制柜使空调系统各部件能协调工作，使整个系统的工作更加安全可靠。

（5）空调控制柜的控制方案以集中、自动为主，同时考虑处理自动控制系统故障的应急措施，如极端情况下的手动通风措施等。

想一想

空调系统是如何感知环境温度的？

班级：　　　　　　　　　组员：

（1）将全班学生进行分组，每 4～6 人为一组，各组选出 1 名小组负责人，小组合作搜集、整理城轨车辆空调系统组成的相关材料，并将其制作成 PPT。

（2）小组负责人进行任务分配，包括哪些成员查找资料，哪些成员制作 PPT，哪些成员上台演讲展示等。

（3）老师组织各组在班内进行 PPT 演讲活动，各组按表 7-4 进行互评。

表 7-4　PPT 演讲活动评价表

评分标准	满分	实际得分	备注
内容贴切	20 分		
版式精美	20 分		
案例典型	20 分		
讲解流利、语速适中	25 分		
小组成员协作良好	15 分		
合计	100 分		

活页作业 7

班级：　　　　　　　　　　姓名：　　　　　　　　　　学号：

1. 填空题

（1）空调是空气调节的简称，就是使车内空气的____________、____________、____________及____________等保持在规定的范围内，为乘客创造舒适的乘车环境。

（2）____________是指在制冷系统中，将车内的热量连续不断地转移到室外去的媒介物质。

（3）通风系统一般由____________、风道、风口及____________等组成。

（4）____________用以排除车内废气，是排气口与车顶静压排风器之间的通道。

（5）制冷系统主要由____________、____________、____________及____________等设备组成，通过管道连接，形成一个封闭的循环系统。

（6）为避免压缩机吸入制冷剂液体，在压缩机的回气管上可设置____________。

（7）自动控制系统一般采用微机控制方式，通过____________可控制车内温度。

2. 判断题

（1）一般 28℃是人体感到舒适与不舒适的分界点。（　　）

（2）当人体周围的相对湿度较小时，将影响人体的水分蒸发，而使人们感到闷热。（　　）

（3）气流速度会影响人体散热，增大气流速度，会加速人体表面汗液蒸发，从而促进散热。（　　）

（4）城轨车辆在运行中通常没有车辆设备巡检员，这就要求城轨车辆空调系统要有较高的自动运行和自我保护能力，能够在出现故障时进行自我诊断、恢复及自动贮存。（　　）

（5）膨胀阀的作用是使高温、高压的制冷剂液体节流升压，变为低温、低压的液体，然后进入蒸发器。（　　）

（6）所有城轨车辆均设置了加热系统和加湿系统。（　　）

3. 简答题

（1）什么叫湿度、绝对湿度和相对湿度？

（2）简述蒸气压缩式制冷的工作原理。

（3）简述空调系统的设计要求。

（4）城轨车辆空调系统主要是由哪几部分组成的？

（5）简述城轨车辆空调制冷系统的组成及其工作原理。

项目八

城轨车辆电力牵引系统及辅助供电系统

① 项目导读

电力牵引系统的作用是将电能转化为机械能，牵引城轨车辆运行。辅助供电系统的作用是为城轨车辆的通风机组、空气压缩机、蓄电池等设备供电。电力牵引系统及辅助供电系统直接影响着城轨车辆的正常运行。城轨车辆人员必须掌握城轨车辆电力牵引系统及辅助供电系统的组成、功能等相关知识。

② 知识目标

（1）掌握城轨车辆电力牵引系统的组成及作用。

（2）掌握城轨车辆辅助供电系统的组成及作用。

（3）掌握城轨车辆辅助供电系统的供电方式。

③ 能力目标

（1）能够识别城轨车辆电力牵引系统各部件，并能描述其功能。

（2）能够识别城轨车辆辅助供电系统各部件，并能描述其功能。

④ 素质目标

城轨车辆装备技术的核心竞争力决定着我国在地铁车辆技术领域的国际地位，当代大学生要树立创新意识，成为有担当的技术型人才。

任务一 城轨车辆电力牵引系统

任务引入

某日 11 点 26 分，某地铁 2 号线一区段突发供电故障，导致该区段列车停驶，同时还造成 2 号线其他区段列车限速运行。事发后，地铁运营方立即启动应急预案，有序疏散乘客；同时抢修人员也第一时间赶至现场，对相关设备进行紧急排查、抢修。列车在经过约 5 小时的停驶后，其故障于当日 16 点 47 分得以排除，2 号线全线恢复正常运营。

地铁运营方表示，此次事故并非由网传的着火或碰撞所致，而是由列车受电弓严重变形（见图 8-1）导致接触网受损、供电中断，在此过程中一些部件掉落，产生了一些小火星和响声，并伴有少量烟尘。由于该接触网受损面积较大、维修难度较高，因此，故障排查、抢修时间相对较长。

图 8-1　严重变形的受电弓

思考：受电弓的作用是什么？它是由哪些部件组成的？

一、电力牵引系统的工作原理

电力牵引是一种以电能为动力的牵引方式。城轨车辆通过受流装置从接触网或接触轨获取电能，由车载变流装置（如牵引逆变器）将直流电转变为交流电，为转向架上的牵引电动机供电，牵引电动机将电能转化为机械能，机械能通过联轴器、齿轮箱和轮对驱动列车运行。电力牵引系统的工作原理如图 8-2 所示。

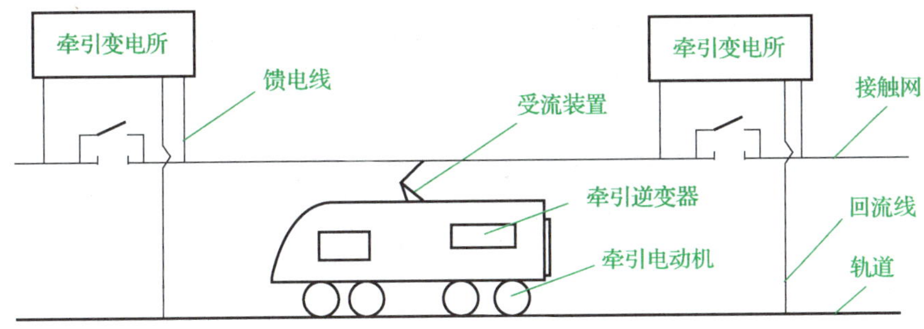

图 8-2　电力牵引系统的工作原理

二、电力牵引系统的组成

电力牵引系统的组成

电力牵引系统主要由受流装置、牵引逆变器、牵引电动机、高速断路器、牵引控制单元、制动电阻和司机控制器等组成。下面重点介绍受流装置、牵引逆变器、牵引电动机和高速断路器。

1. 受流装置

受流装置又称**受流器**，是指通过接触网或接触轨将电流引入动车的装置。根据线路供电方式的不同，受流装置可分为受电弓和集电靴两种，如图 8-3 所示。受电弓用于通过接触网供电的线路，而集电靴用于通过接触轨供电的线路。

（a）受电弓

（b）集电靴

图 8-3　受流装置

1）受电弓

受电弓是车辆从接触网获取电能的电气设备，一般安装于动车车顶上。受电弓可分为单臂弓和双臂弓两种。由于双臂弓结构复杂、调整困难，而单臂弓结构简单、尺寸小、重量轻、调整容易及动态性好，因此城轨车辆普遍采用单臂弓。下面主要介绍单臂弓的基本组成和升降弓操作。

（1）基本组成。受电弓主要由碳滑板、上臂、上导杆、下臂、下导杆、控制装置、气囊、底架、绝缘子等组成，如图 8-4 所示。

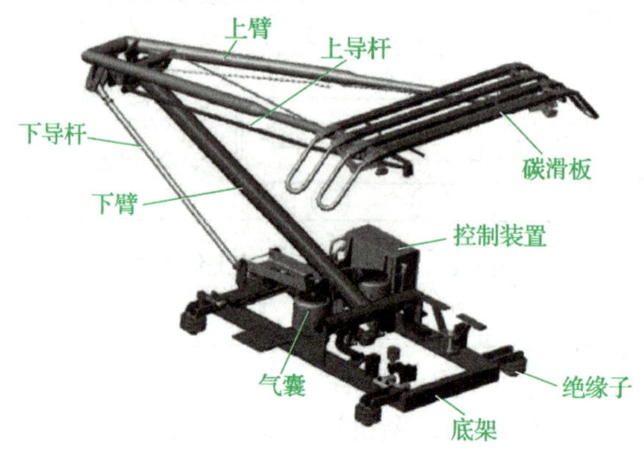

图 8-4　受电弓的组成

（2）升降弓操作。

① **升弓：**司机按下升弓按钮，升弓电磁阀通电打开，压缩空气作用于受电弓，受电弓匀速上升，并在接近接触网时有一缓慢停滞，然后迅速与其接触。

② **降弓：**司机按下降弓按钮，升弓电磁阀失电断开，压缩空气供应中断，气囊排气，受电弓靠自重下降。

2）集电靴

集电靴是车辆从接触轨获取电能的电气设备，一般安装于车辆转向架上。集电靴主要由滑块、集电靴臂、弹簧、伸缩杆、熔断器、电缆、绝缘框架等组成，如图 8-5 所示。它可以通过相关控制机构完成接触部分的升降动作。

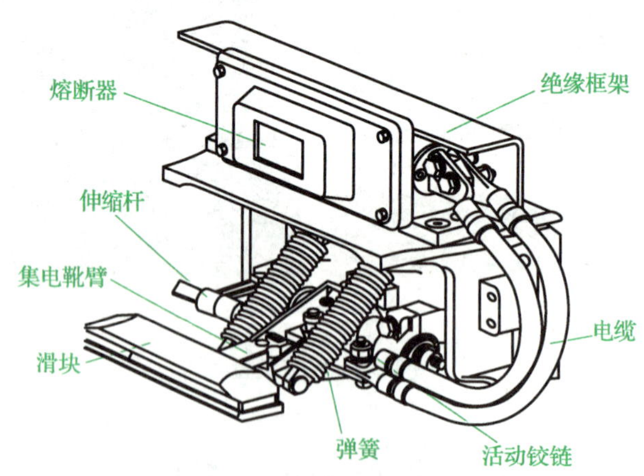

图 8-5　集电靴的组成

集电靴的布置原则是保证在接触轨断电区仍能满足列车的供电要求。例如，对于三动三拖六节编组的 B 型车，其共装有 12 个集电靴，有两种集电靴布置方式：一种是将所有

集电靴安装在动车转向架上，如图 8-6（a）所示；另一种是其中 3 个动车共装有 8 个集电靴，拖车不安装集电靴，带司机室的拖车共装有 4 个集电靴，如图 8-6（b）所示。显而易见，第二种集电靴布置方式比第一种更加分散，但这两种方式均能确保列车顺利通过接触轨断电区。

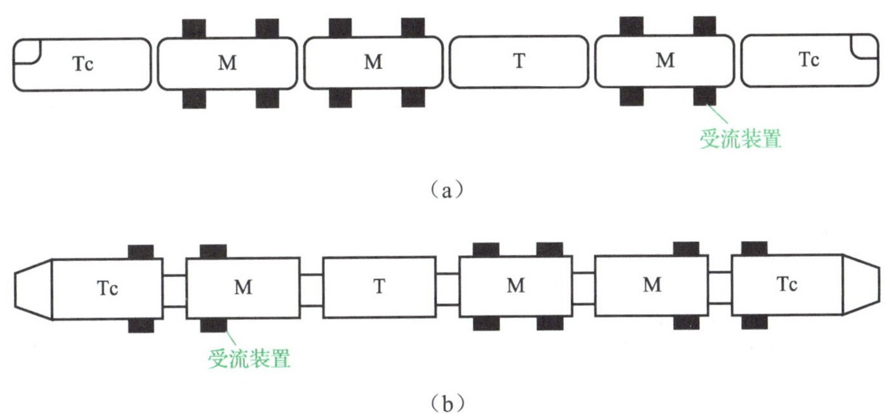

图 8-6　集电靴布置方式

拓展阅读

接触轨是沿轨道一侧平行铺设的第三条轨道，故又称第三轨，如图 8-7 所示。接触轨结构简单、使用寿命长，在安装、维护上的费用和工作量要低于接触网（相同电压下），并且能够较好地适应小尺寸隧道。

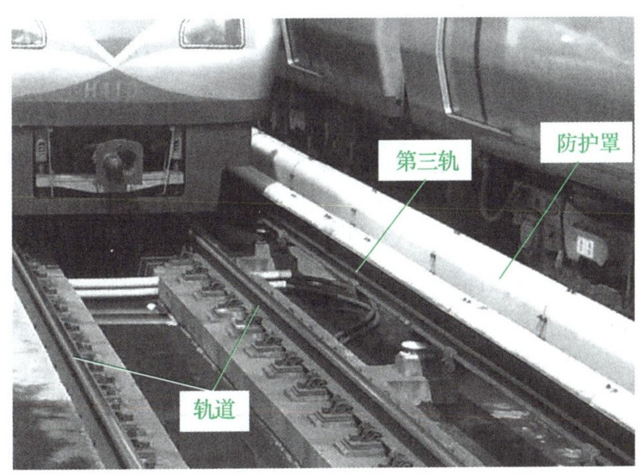

图 8-7　接触轨

按照接触轨与集电靴相对位置的不同，车辆受流方式可分为上接触式、下接触式和侧接触式 3 种，如图 8-8 所示。对应的接触轨也就分别称为上接触式接触轨、下接触式接触轨和侧接触式接触轨。

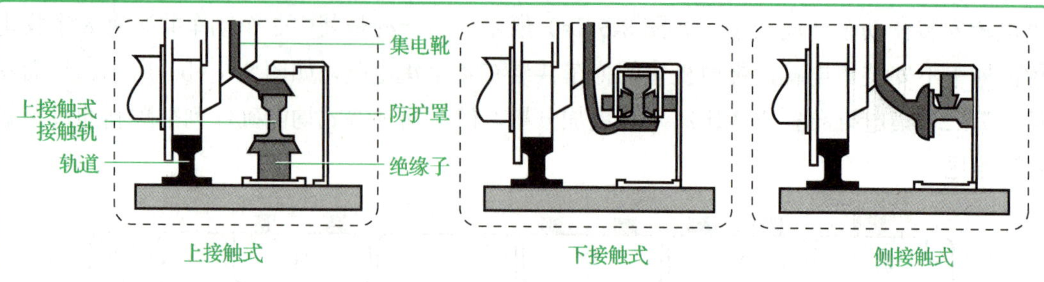

图 8-8　车辆受流方式

1．上接触式接触轨

上接触式接触轨安装在绝缘子上，集电靴从接触轨上表面取流。接触轨上方和一侧有防护罩，以保障人身安全、防止冰雪侵扰等。

上接触式接触轨结构简单、造价低廉，其导电轨直接放置于绝缘子上，导电轨重量对结构的稳定有利，日常检查时也一目了然，维护工作量小，机械故障的可能性也小。但是，由于导电面几乎全部暴露在外，在安全性、美观性、耐候性等方面低于下接触式接触轨和侧接触式接触轨。正是由于这一缺点，有关部门在 20 世纪 60 年代后期决定除既有线路外，在新建的城市轨道交通线路中不再使用上接触式接触轨。

2．下接触式接触轨

下接触式接触轨安装在防护罩内侧，防护罩集防护和支持功能于一体。这种接触轨的上方和两侧都被防护罩屏蔽，集电靴从这种接触轨下表面取流。

下接触式接触轨具有安全、美观、耐候性好等优点，在某些特殊情况下（如乘客掉下站台、车辆在区间发生停车故障、需要紧急疏散乘客等），由于导电面相对隐蔽，对可能产生的人身安全有一定的防护作用。但是由于在检查、维护这种接触轨时，必须打开防护罩才能观察到这种接触轨的机械和电气连接部件的状态，因此运营维护工作量大、费用高。

3．侧接触式接触轨

侧接触式接触轨类似于上接触式接触轨，其主要优缺点也与上接触式接触轨基本相同。但是，它有两个较突出的优点：一是接触轨的终端弯头向侧面外弯，不占上部空间，也不占下部空间，容易处理与车体的距离关系；二是它所受到的集电靴侧向压力较为稳定，运行更加安全可靠。

2．牵引逆变器

牵引逆变器安装于车底的牵引逆变器箱（见图 8-9）内。牵引逆变器由电源电流传感器、滤波电抗器、直流电压传感器、过电压释放晶闸管、放电电阻、滤波电容器、IGBT 模块、相电流传感器等组成。

牵引时，通过控制内部 IGBT 模块的通断来将直流电变为交流电，供牵引电动机使用；

制动时，将感应电动机产生的交流电整流成直流电反馈给电网或制动电阻。牵引逆变器在技术上已趋成熟，被广泛应用于地铁、轻轨车辆中。

图 8-9　牵引逆变器箱

地铁播报

IGBT 是 insulated gate bipolar transistor 的缩写，即绝缘栅双极型晶体管。IGBT 器件属于电压驱动的全控型开关器件，具有脉冲开关频率高、性能好、损耗小且自我保护能力强等优点。

3．牵引电动机

目前城轨车辆采用的牵引电动机有两大类，即直线电动机和旋转电动机。直线电动机用于驱动带有电动机的转向架，旋转电动机用于驱动动车轮对。按运动方式的不同，旋转电动机又可分为直流电动机和交流电动机。目前，应用最广泛的是旋转电动机，下面以三相笼型异步电动机为例介绍其组成。

三相笼型异步电动机主要由定子和转子组成。

1）定子

定子是指三相笼型异步电动机上所有固定不动的部分，主要由机座、定子铁芯和定子绕组等组成，如图 8-10 所示。定子铁芯内有许多形状相同的槽，用于放置定子绕组，机座用于固定和支撑定子铁芯，要求有足够的机械强度和刚度。

2）转子

转子是指三相笼型异步电动机上旋转运动的部分，主要由转子铁芯、转子绕组和转轴等组成，如图 8-10 所示。转子铁芯是三相笼型异步电动机磁路的一部分，安装在转轴上，由硅钢片叠压而成，表面有槽，用于放置转子绕组。

图 8-10 三相笼型异步电动机

拓展阅读

直流电动机由于具有启动性能好、调速范围大、过载能力强、运行较可靠且控制简单等优点，长期以来一直作为城轨车辆的主要牵引设备。但是直流电动机必须通过换向器才能工作，这就造成了直流电动机在高压、大功率时换向困难、可靠性差、结构复杂、制造成本高和维修量大的弊病，从而使直流电动机的发展受到很大限制。

由于交流电动机具有构造简单、运行可靠、效率较高、价格低廉、防空转性能好等优点，且微电子技术的发展使交流电动机顺利实现调压、变频和调速等功能，因此交流电动机有逐渐替代直流电动机的趋势。

4. 高速断路器

高速断路器安装于车底的高速断路器箱（见图 8-11）内，主要由主电路、灭弧罩、闭合装置、辅助触点及脱扣装置等组成，如图 8-12 所示。

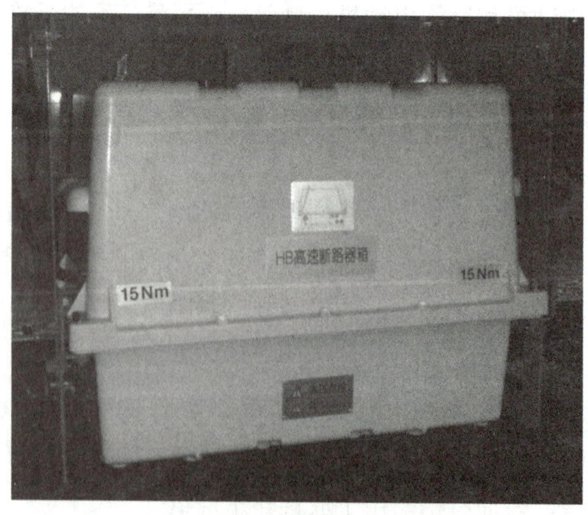

图 8-11 高速断路器箱

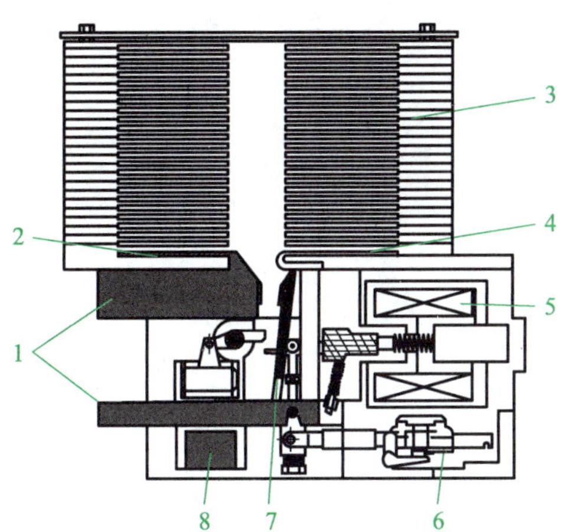

1—主电路；2—左连接；3—灭弧罩；4—右连接；5—闭合装置；
6—辅助触点；7—动触点；8—脱扣装置。

图 8-12　高速断路器的组成

高速断路器的主要作用是对牵引逆变器和高压电路进行隔离，以保护电力牵引系统。在电力牵引系统电路出现异常（如过电流、牵引逆变器故障或线路短路）的情况下，高速断路器能够将各牵引设备从受流装置上安全断开。有些电力牵引系统在高速断路器和受流装置之间还设置了闸刀开关，必要时（如检修）可以把高速断路器和高压线路断开，并将闸刀开关设置为接地。

班级：　　　　　　　　组员：

（1）将全班学生进行分组，每4～6人为一组，每组选出1名小组负责人，小组合作搜集、整理城轨车辆电力牵引系统的相关材料，并将其制作成PPT。

（2）小组负责人进行任务分配，包括哪些成员查找资料，哪些成员制作PPT，哪些成员上台演讲展示等。

（3）老师组织各组在班内进行PPT演讲活动，各组按表8-1进行互评。

表8-1　PPT演讲活动评价表

评分标准	满分	实际得分	备注
内容贴切	20分		
版式精美	20分		
案例典型	20分		
讲解流利、语速适中	25分		
小组成员协作良好	15分		
合计	100分		

任务二　城轨车辆辅助供电系统

任务引入

大连地铁 2 号线 0202 号车在试运行期间运行至虹锦路（上行方向）出站 150 m 左右时，突然发生 1 500 V 动力电及 110 V 控制电同时断开的故障，车辆停车，客室内环境黑暗。司机重新开启蓄电池、升起受电弓，故障恢复。

车辆回库后经反复检查测试，结果显示各设备工作正常，故障现象消失。列车控制和管理系统（TCMS）的运行记录显示，发生故障时受电弓为正常升起状态，1 500 V 动力电失电应为接触网原因，后经相关部门确认故障原因确为牵引变电所跳闸导致接触网断电。110 V 控制电失电原因应为司机在升弓状态下人为关断蓄电池，而接触网断电后辅助逆变器无法继续为列车提供 110 V 控制电。

思考：辅助逆变器有什么作用？

一、辅助供电系统的组成

辅助供电系统主要由辅助逆变器、蓄电池、直流电源、隔离变压器、接触器及故障转换装置等组成。下面重点介绍辅助逆变器、蓄电池、直流电源和隔离变压器。

1．辅助逆变器

辅助逆变器（SIV）又称静止逆变器，是一种将直流电变换为三相 50 Hz、380/220 V 交流电的能量变换设备。它安装于车底辅助逆变器箱内，如图 8-13 所示。

图 8-13　辅助逆变器箱

在地铁车辆上除了牵引电动机用电是牵引逆变器转换的之外，其他设备用电均由辅助逆变器转换。在辅助供电系统中，辅助逆变器是一个极其重要的部件，它能够将接触网内的电压转变为不同等级的电压，并传输给列车的各个设备，以确保列车稳定运行。目前，我国城轨车辆辅助供电系统均采用了辅助逆变器。

2. 蓄电池

蓄电池安装于车底的蓄电池箱内，如图 8-14 所示。作为辅助供电系统的备用电源，蓄电池在辅助逆变器正常工作的情况下处于浮充状态。在网压故障或辅助逆变器故障的紧急情况下，蓄电池作为紧急电源为列车供电。蓄电池的容量大小由负载大小决定。

图 8-14　蓄电池箱

列车通常使用碱性镉镍蓄电池，它具有寿命长、充放电循环周期长、耐冲击、自放电小、低温性能好、耐过充能力强等优点。蓄电池可分为极板盒式电池、开口烧结式电池、圆柱密封电池及全密封电池等。

地铁播报

一般规定：列车在隧道中运行时，蓄电池要保证供电时间不小于 45 min；列车在地面或高架线上运行时，蓄电池要保证供电时间不小于 30 min。

3. 直流电源

列车上各控制电器都由 DC 110 V 直流电源供电。同时，DC 110 V 直流电源也兼作蓄电池的充电器，在正常工作时对蓄电池充电。

4. 隔离变压器

为了保证电气设备及操作人员的安全，必须将高压与低压用电设备，尤其是需要人工操作的设备，进行电气隔离，通常采用隔离变压器隔离。

二、辅助供电系统的供电方式

辅助供电系统的供电方式可分为分散供电和集中供电两种。

1. 分散供电

列车每单元配备多台辅助逆变器，并配有相应的 DC 110 V 直流电源，这种供电方式称为**分散供电**，如图 8-15 所示。例如，广州地铁 1 号线列车采用分散供电的方式，每辆车配有一台辅助逆变器，每单元共用一台 DC 110 V 直流电源。

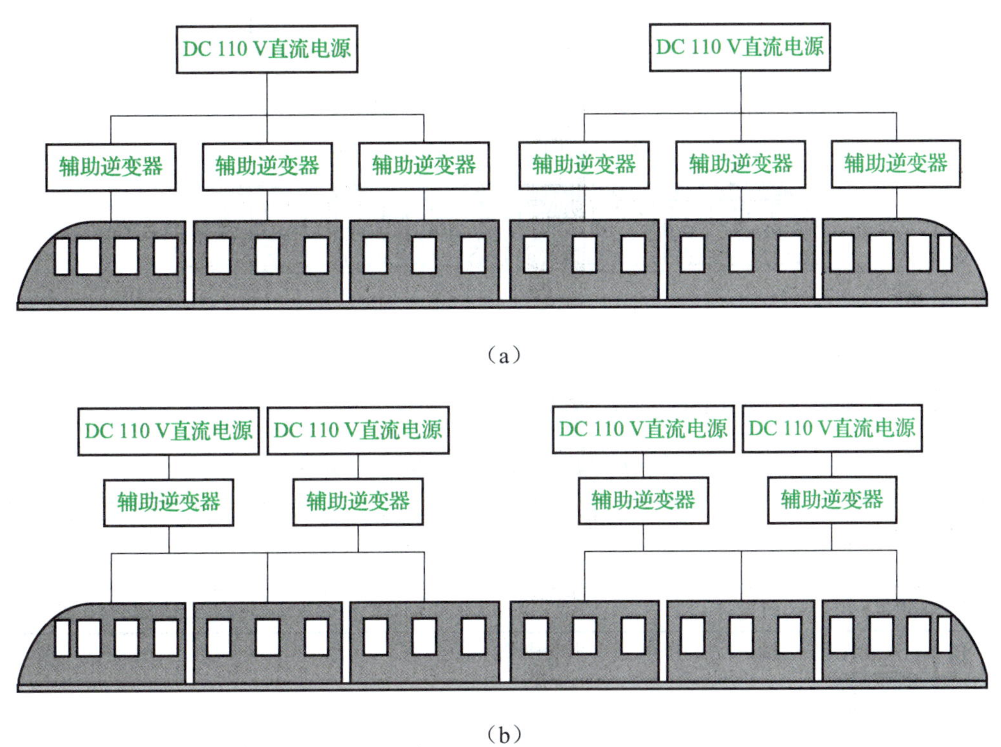

图 8-15　分散供电

2. 集中供电

列车每单元配备一台辅助逆变器，并配有相应的 DC 110 V 直流电源，这种供电方式称为**集中供电**，如图 8-16 所示。例如，西安地铁 2 号线列车采用集中供电的方式，每单元配有一台辅助逆变器，共两台，分别布置于列车两端 Tc 车车底。当其中一台辅助逆变器发生故障时，余下的一台承担整列车的负载，保证列车的正常运行。

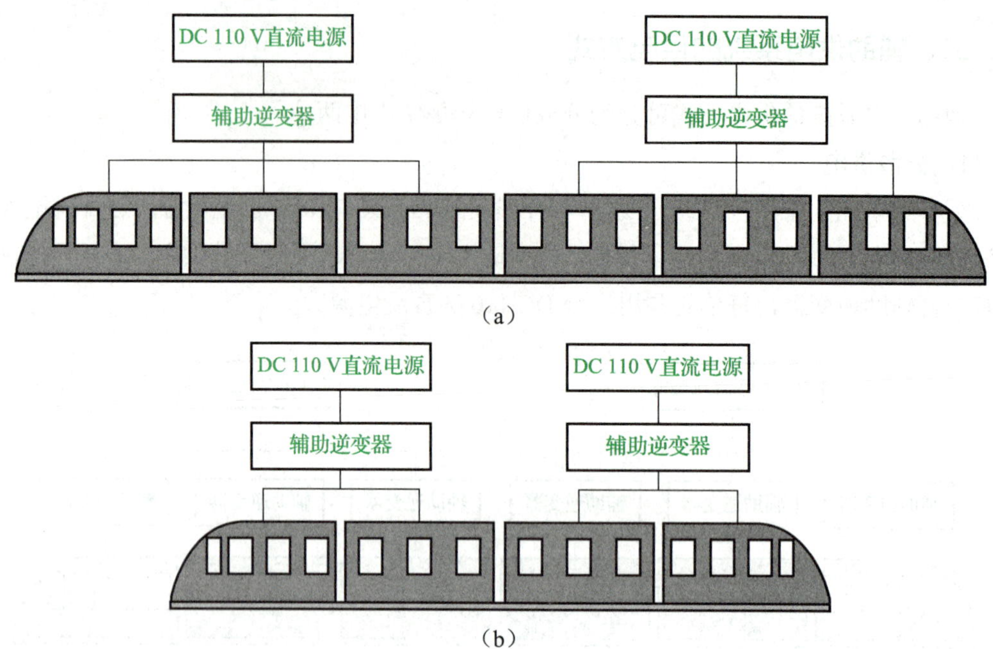

图 8-16 集中供电

分散供电和集中供电优缺点的比较如表 8-2 所示。

表 8-2 分散供电和集中供电优缺点的比较

供电方式	冗余度	轴配重	总质量	占用车底空间	造价
分散供电	大	均匀	大	多	高
集中供电	小	不均匀	小	少	低

小案例

某地铁车辆是 A 型车，采用六节编组（四动二拖），4 个辅助逆变器（SIV）同时供电。辅助逆变器的分布如图 8-17 所示。该车辅助供电系统的工作原理是将 DC 1 500 V 电转变成 AC 380 V 电，并输出到中压母线，为车辆的空调系统、空气制动系统等供电。中压母线分 4 段，每 1 段中有 1 个辅助逆变器（见图 8-18），此 4 段中压母线可由 TCMS 控制独立供电或并网供电。

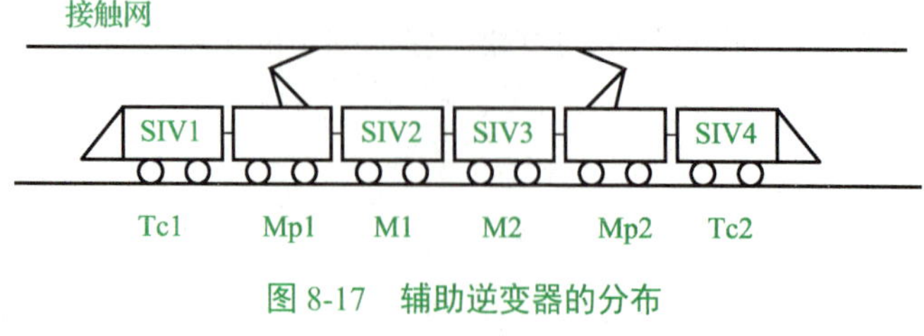

图 8-17 辅助逆变器的分布

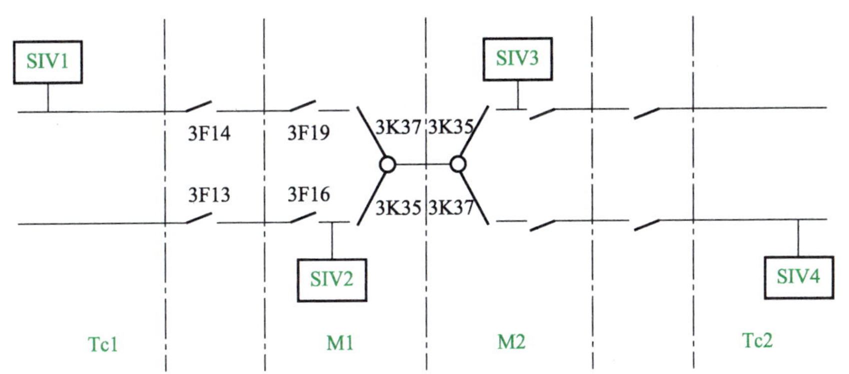

图 8-18　辅助逆变器供电图

测试期间发现，当车辆输送高压 1 500 V 后，Tc1 的 SIV1 无法完成并网工作。进行了多次测试后，发现如下现象：当 SIV1 最先启动时，其他 3 个辅助逆变器可以共同完成并网工作；但是当 SIV1 后启动时，无法完成并网工作。

经分析最终确认，SIV1 内的三相电压传感器线序接错导致故障。当车辆蓄电池激活、无高压供电且无故障时，两个动车的辅助并网接触器 3K35 和 3K37 都吸合，4 段中压母线并网，系统默认 SIV1 最先启动，然后其他 3 个辅助逆变器顺序启动。当 SIV1 启动后输出三相交流电到中压母线，然后 SIV2 根据内部自身三相电压传感器检测 SIV1 的三相电压，完成同压、同频率、同相位启动，其他辅助逆变器同 SIV2，最终完成并网。但是，处于故障状态的 SIV1 的三相电压传感器线序接反，且未能第一时间启动，此时 SIV2 第一个启动，然后 SIV3 和 SIV4 启动，最后 SIV1 启动。SIV1 三相电压传感器线序接反，导致检测三相电压时出现相位差，这样就会存在两个电源短路情况，SIV1 按照检测的错误信息启动，导致三相电压传感器短路，3F14 空气开关跳开保护。

班级：　　　　　　　组员：

（1）将全班学生进行分组，每4～6人为一组，每组选出1名小组负责人，小组合作搜集、整理城轨车辆辅助供电系统的相关材料，并将其制作成PPT。

（2）小组负责人进行任务分配，包括哪些成员查找资料，哪些成员制作PPT，哪些成员上台演讲展示等。

（3）老师组织各组在班内进行PPT演讲活动，各组按表8-3进行互评。

表8-3　PPT演讲活动评价表

评分标准	满分	实际得分	备注
内容贴切	20分		
版式精美	20分		
案例典型	20分		
讲解流利、语速适中	25分		
小组成员协作良好	15分		
合计	100分		

活页作业 8

班级：　　　　　　　　　　　　姓名：　　　　　　　　　　　　学号：

1. 填空题

（1）电力牵引系统主要由____________、牵引逆变器、____________、高速断路器、牵引控制单元、制动电阻和司机控制器等组成。

（2）____________是指通过接触网或接触轨将电流引入动车的装置。

（3）集电靴是车辆从接触轨获取电能的电气设备，一般安装于____________上。

（4）牵引逆变器由____________、滤波电抗器、____________、过电压释放晶闸管、放电电阻、滤波电容器、____________、相电流传感器等组成。

（5）三相笼型异步电动机主要由____________和____________组成。

（6）辅助供电系统主要由____________、蓄电池、____________、隔离变压器、接触器及故障转换装置等组成。

（7）蓄电池在辅助逆变器正常工作的情况下处于____________状态。

（8）辅助供电系统的供电方式可分为____________和____________两种。

2. 判断题

（1）辅助供电系统的作用是为城轨车辆的通风机组、空气压缩机、蓄电池等设备供电。（　　）

（2）集电靴用于通过接触网供电的线路，而受电弓用于通过接触轨供电的线路。（　　）

（3）接触轨结构简单、使用寿命短，在安装、维护上的费用和工作量要低于接触网（相同电压下），并且能够较好地适应小尺寸隧道。（　　）

（4）定子铁芯内有许多形状相同的槽，用于放置定子绕组，机座用于固定和支撑定子铁芯，要求有足够的机械强度和刚度。（　　）

（5）在电力牵引系统电路出现异常（如过电流、牵引逆变器故障或线路短路）的情况下，高速断路器能够将各牵引设备从受流装置上安全断开。（　　）

（6）在地铁车辆上除了牵引电动机用电是牵引逆变器转换的之外，其他设备用电均由辅助逆变器转换。（　　）

（7）蓄电池在任何时候都能用。（　　）

3. 简答题

（1）简述电力牵引系统的工作原理。

（2）简述受电弓的定义、基本组成和升降弓操作。

（3）简述辅助供电系统的组成。

（4）比较分散供电和集中供电的优缺点。

参考文献

[1] 史富强，祁国俊．城市轨道交通车辆构造［M］．重庆：重庆大学出版社，2018.

[2] 杨晓林，蔡磊．城市轨道交通车辆构造［M］．成都：西南交通大学出版社，2018.

[3] 连苏宁．城市轨道交通车辆构造［M］．北京：机械工业出版社，2010.

[4] 李伟，王珂．城市轨道交通车辆构造［M］．北京：机械工业出版社，2017.

[5] 邱志华，彭建武．城市轨道交通车辆构造［M］．北京：人民交通出版社股份有限公司，2021.

[6] 旷利平，黄艺娜．城市轨道交通车辆构造与运用［M］．成都：西南交通大学出版社，2019.

[7] 张红雪，周慧钦，叶青．城市轨道交通车辆构造［M］．上海：上海交通大学出版社，2020.

参考文献